Paris.—Imp. de Cosse et J. Dumaine, r. Christine, 2.

COMMENTAIRE

DES

CLAUSES ET CONDITIONS GÉNÉRALES

IMPOSÉES

AUX ENTREPRENEURS.

COMMENTAIRE

DES

CLAUSES ET CONDITIONS GÉNÉRALES

IMPOSÉES

AUX ENTREPRENEURS

POUR

L'exécution des Travaux des Ponts et Chaussées

Avec

DES ANNOTATIONS D'APRÈS LE DERNIER ÉTAT DE LA JURISPRUDENCE DU CONSEIL D'ÉTAT;

Par M. CHATIGNIER,

Avocat au Conseil d'État et à la Cour de Cassation (succ. de M. COTELLE).

———✦———

PARIS,

IMPRIMERIE ET LIBRAIRIE GÉNÉRALE DE JURISPRUDENCE
COSSE ET **MARCHAL**, IMPRIMEURS-ÉDITEURS,
Libraires de la Cour de Cassation,
Place Dauphine, 27.

—

1857.

AVANT-PROPOS.

Le cahier des clauses et conditions générales est, sur les matières dont il s'occupe, un véritable *Code* qui touche à de nombreux et graves intérêts. Ses dispositions dérogent souvent au droit commun : plusieurs sont fort rigoureuses. Il importe donc beaucoup à ceux qui doivent en subir l'application d'être éclairés sur la nature et l'étendue des obligations qui pèsent sur eux, comme aussi sur les droits qui peuvent leur appartenir. La jurisprudence du Conseil d'État fournit, à cet égard, de précieux documents, et les nombreux arrêts qu'a rendus cette haute juridiction sur l'application du cahier des clauses et conditions générales peuvent être présentés aujourd'hui comme le meilleur commentaire de ce cahier. Ils témoignent, en général, de la plus grande impartialité, d'une volonté bien arrêtée de rendre bonne justice, même contre l'État, aux particuliers qui ont contracté avec ce puissant adversaire. C'est ce qu'on ne sait peut-être pas assez dans le public. Nous espérons que ce petit livre pourra dissiper quelques préjugés sur ce point, et qu'il affermira les justiciables dans la confiance qu'ils doivent à une juridiction dont l'élévation garantit l'indépendance.

Nous ne nous dissimulons pas, d'ailleurs, que

le cahier des clauses et conditions générales,
même largement et équitablement interprété, ne
saurait satisfaire les esprits qui voudraient avec raison le voir en harmonie avec les principes généraux du droit. Il n'est que trop vrai que plusieurs
de ses dispositions choquent ouvertement les règles du Code Nap. sur les contrats synallagma-
tiques, et que ces exceptions au droit commun ne
sont pas toujours justifiées par l'intérêt public.
Ces regrettables anomalies ont été relevées depuis longtemps déjà, et on a signalé les inconvénients qu'entraînent pour l'État lui-même les
conditions trop dures qu'il a faites aux entrepreneurs. L'administration s'est émue des plaintes élevées à ce sujet, et ses tendances actuelles
témoignent évidemment d'un retour aux vrais
principes. Sans parler de récentes circulaires que
nous aurons occasion de citer et qui sont conçues
dans un remarquable esprit d'équité et de respect
pour les intérêts privés, on sait qu'elle fait étu-
dier une révision des clauses et conditions générales, dans le but avoué d'y rétablir, autant que
possible, l'égalité entre les parties contractantes.
Il est donc permis d'espérer, dans un avenir assez
prochain, d'importantes améliorations dans le
régime des marchés des ponts et chaussées.

Déjà une grande administration publique (celle
du ministère d'État) est entrée dans cette voie ;
le cahier des charges qu'elle a récemment adopté
pour l'exécution des travaux des palais impériaux
se distingue du cahier actuel des ponts et chaus-

sées par d'heureuses innovations qui doivent faire augurer favorablement des réformes projetées pour ce dernier. Ainsi, par exemple, on a supprimé la disposition qui permettait à l'administration de faire des changements au projet, en homologuant l'adjudication.—On stipule formellement, à l'égard des changements en cours d'exécution, que l'entrepreneur n'aura à s'y conformer que lorsqu'ils auront été ordonnés par écrit et consignés sur un registre spécial institué à cet effet.—Les prix de tous les ouvrages imprévus, sans exception, quelle que soit l'importance de ces ouvrages, doivent être débattus de gré à gré avec l'entrepreneur.—Le délai pour l'examen des décomptes est porté à vingt jours.—Il n'y a plus d'ajournement *indéfini* des travaux : si l'ajournement dépasse une année, il y a ouverture à résiliation et à une indemnité *dont le chiffre n'est plus limité*, etc.—Nous avons cru devoir relever, dans le cours de notre travail, chacune de ces innovations, à mesure que l'occasion s'en présentait.

Après avoir constaté les graves défauts que présente, de l'aveu de tout le monde, le cahier des clauses et conditions générales, nous devons reconnaître que, dans la pratique, ils peuvent être singulièrement atténués, d'abord par l'esprit de justice et de conciliation de MM. les ingénieurs, ensuite par les entrepreneurs eux-mêmes lorsqu'ils sont *suffisamment éclairés*. Nous savons, par expérience, que beaucoup de pertes, de désastres même, sont provenus de ce que l'entrepreneur n'était pas bien fixé sur l'étendue de ses droits, sur ce qu'il avait à faire pour les sauvegarder. A ce point de vue, nous espérons que le commentaire et le résumé de la jurisprudence que nous présentons sous chaque article pourront être de quelque utilité aux intéressés.

Nous avons ajouté un appendice contenant les lois et règlements dont la connaissance est nécessaire pour la parfaite intelligence des clauses et conditions générales.

CLAUSES ET CONDITIONS GÉNÉRALES

IMPOSÉES

AUX ENTREPRENEURS.

Art. 1er. — Nul ne sera admis à concourir aux adjudications, s'il n'a les qualités requises pour entreprendre les travaux et en garantir le succès. A cet effet, chaque concurrent sera tenu de fournir un certificat constatant sa capacité, et de présenter un acte régulier, ou au moins une promesse valable de cautionnement. Il ne sera pas exigé de certificat de capacité pour les fournitures de matériaux destinés à l'entretien des routes, ni pour les travaux de terrassement dont l'estimation ne s'élèvera pas à plus de 15,000 fr.

Le certificat devra avoir été délivré dans les trois ans qui précèderont l'adjudication. Il contiendra l'indication des travaux exécutés ou suivis par l'entrepreneur, ainsi que la justification de l'accomplissement des engagements qu'il aurait contractés.

1. — En principe, et sauf de rares exceptions, les marchés que l'Etat fait avec les particuliers pour la confection des travaux publics à sa charge doivent être passés avec *publicité* et *concurrence* (art. 1ᵉʳ de l'ordonnance royale du 4 déc. 1836). — On procède avec solennité, comme pour les ventes aux enchères qui ont lieu devant les tribunaux ou devant les notaires : seulement, ici, l'adjudication se fait au profit de la personne qui a offert le plus fort rabais sur les prix assignés à chaque nature d'ouvrage. Les formes suivant lesquelles doivent être adjugés les travaux des ponts et chaussées sont réglées avec détail par une ordonnance royale en date du 16 mai 1829, dont on trouvera les dispositions à l'appendice. — Il faut y joindre celles plus générales de l'ordonnance du 4 déc. 1836.

2. — On n'a pas déterminé les personnes de qui doivent émaner les *certificats de capacité* à produire par les concurrents. — Ces pièces sont ordinairement délivrées par des ingénieurs en chef des ponts et chaussées ou par des architectes de département ou de grande ville. — Souvent les cahiers des charges particuliers précisent ce point et disent par qui la capacité spéciale exigée devra être attestée. Toute latitude est laissée, à cet égard, aux fonctionnaires chargés de procéder à l'adjudication : ces fonctionnaires ont également un pouvoir discrétionnaire pour apprécier la capacité des concurrents et la valeur des certificats. La décision prise sur ce point constitue un acte de pure administration qui n'est pas susceptible d'être déféré à la juridiction contentieuse (arrêt du Conseil d'État du 25 novembre 1829, *Accolas*).

3. — L'administration a le même pouvoir discrétionnaire pour le choix des entrepreneurs à porter sur la liste des *concurrents agréés* (art. 12, *in fine*, de l'ordonnance royale du 16 mai 1829). Ainsi, il a été jugé que l'arrêté par lequel un préfet refusait d'admettre un entrepreneur sur cette liste ne pouvait être attaqué devant la juridiction contentieuse (arrêt du 9 janvier 1843, *Chovelon*). Le certificat de capacité produit par le candidat évincé fût-il conçu dans les termes les plus flatteurs, les ingénieurs et le préfet pourraient donc n'en tenir aucun compte.

4. — Mais la liste des concurrents une fois arrêtée et les soumissions de ces concurrents une fois ouvertes, l'administration *doit* adjuger à celui qui a offert le plus fort rabais. Ici l'arbitraire cesse, et, si l'adjudication s'était faite autrement, il y aurait lieu à réclamation contentieuse pour l'entrepreneur auquel préjudicierait l'irrégularité commise, par exemple, celui qui aurait offert un plus fort rabais que le concurrent déclaré adjudicataire. Cela nous paraît incontestable, et c'est aussi l'opinion de M. Dufour (*Droit administratif appliqué*, t. IV, p. 321, 1re édit.).

5. — Les formes prescrites pour les adjudica-

tions sont de rigueur : elles sont la garantie du public; si elles avaient été violées, les concurrents auraient le droit de réclamer en la voie contentieuse. Le *procès-verbal de l'adjudication* exigé par les ordonnances de 1829 et de 1836 a donc son importance pour prouver le strict accomplissement des formalités requises. Il a été jugé, dans cet ordre d'idées, que les concurrents à une adjudication sont recevables à attaquer par la voie contentieuse l'ordonnance approbative d'une adjudication, lorsqu'ils soutiennent que cette adjudication a été irrégulière en la forme (arrêts du 28 janvier 1836, *Charles Seguin;* — du 26 juillet 1851, *Martin*).

6. — Nous croyons devoir placer ici, pour ceux de nos lecteurs qui ne seraient pas au courant de la langue administrative, quelques mots d'explication sur la différence qui caractérise, quant au droit de réclamation, la *voie gracieuse* de la *voie contentieuse.* Toutes les mesures que prend l'administration au préjudice d'intérêts privés ne sont pas également susceptibles d'être déférées aux tribunaux. L'administration a des pouvoirs très-étendus, et toutes les fois qu'elle ne porte pas atteinte à des droits qu'un particulier tiendrait d'une loi positive ou d'un contrat passé avec elle, ses actes ne peuvent être l'objet d'aucun contrôle juridique; l'appréciation de ces actes lui appartient exclusivement, elle est maîtresse de les maintenir ou de les rapporter. Lorsqu'un particulier réclame, dans une telle situation, on dit qu'il réclame en la *voie gracieuse*, et on exprime par là cette idée que le sort de sa requête dépend uniquement du bon plaisir de l'administration. On a déjà vu, comme exemples, les cas où l'administration refuserait, soit d'agréer un concurrent à une adjudication, soit d'approuver au profit de l'adjudicataire cette adjudication une fois faite.

Il en est autrement lorsque la réclamation est fondée, soit sur la violation d'une forme ou d'une garantie expressément accordée par une loi ou un règlement, soit sur les stipulations d'un contrat passé entre le particulier et l'administration. C'est alors que naît le *contentieux*, c'est-à-dire le droit pour le particulier de porter la contestation devant les tribunaux administratifs pour qu'elle y soit judiciairement vidée. En pareil cas, l'administration est liée par une obligation précise, et la question de savoir si cette obligation a été ou non enfreinte ne pouvant évidemment être résolue par elle-même, il faut bien qu'elle le soit par la juridiction contentieuse.

Art. **2.** — Le montant du cautionnement n'excédera pas le 30e de l'estimation des travaux, déduction faite de toutes les sommes portées à valoir pour cas imprévus, indemnités de terrains et ouvrages en régie.

Ce cautionnement sera mobilier ou immobilier, à la volonté des soumissionnaires. Les valeurs mobilières ne pourront être que des effets publics ayant cours sur la place.

1. — Il a été jugé que, lorsque le cautionnement était en rentes sur l'État, il n'était pas nécessaire que ces rentes fussent au porteur ni transférées à l'administration, et que le dépôt des titres suffisait (arrêt du 28 janvier 1836, *Charles Seguin*). — C'est aussi ce qui se pratique dans l'usage.

2. — Si le cautionnement est immobilier, l'État a hypothèque sur les immeubles, quoique les marchés ne soient pas passés par acte notarié (Loi du 4 mars 1793), et soit que les immeubles appartiennent aux entrepreneurs eux-mêmes ou à des cautions. — Cette hypothèque date du jour de l'approbation du marché par le ministre. — La Cour de cassation a jugé, le 12 janv. 1835 (*Préfet des Basses-Pyrénées* contre *de Gayrosse*), que l'inscription prise par l'État sur les biens d'un entrepreneur de travaux publics, à raison de la créance éventuelle de l'État pour le cas de non-exécution des travaux, était valable, bien qu'elle ne contînt pas une évaluation de la créance; qu'il suffisait qu'elle indiquât le montant de l'adjudication.

3. — La caution d'un entrepreneur est et doit rester étrangère aux opérations de l'entreprise : aussi, il a été jugé qu'elle est sans qualité, soit pour réclamer la résiliation, soit pour critiquer les décomptes (25 mars 1849, *Rouvillois*).

Art. **3.** — Si, en homologuant l'adjudication, l'administration ordonne quelques changements au projet ou au devis, l'entrepreneur devra s'y conformer, et il lui sera fait état de la valeur de ces changements, soit en plus, soit en moins, au prorata des prix de l'adjudication, sans qu'il puisse, en cas de réduction, réclamer aucune indemnité à raison des prétendus bénéfices qu'il aurait pu faire sur les fournitures et la main-d'œuvre.

Néanmoins, lorsque ces changements dénatureront fortement le projet en opérant sur le prix total une différence de plus d'un 6e, en plus ou en moins, l'entrepreneur sera libre de retirer sa soumission.

Il ne pourra prétendre à aucune indemnité dans le cas où l'adjudication ne serait pas approuvée.

1. — L'entrepreneur régulièrement déclaré adjudicataire se trouve, dès ce moment, engagé d'une manière définitive ; mais l'administration ne l'est que lorsque le ministre, supérieur hiérarchique des fonctionnaires qui ont procédé à l'adjudication, a ratifié cette opération (art. 11 de l'ordonnance du 4 déc. 1836) : jusque-là, le contrat reste suspendu de son côté. Il peut arriver, et il arrive quelquefois, qu'un adjudicataire ne voie pas son marché confirmé, et soit obligé de renoncer aux espérances qu'il avait pu fonder sur son exécution.— Il n'a, en pareil cas, aucune action contentieuse contre l'administration, et n'a le droit de prétendre à aucune indemnité (arrêts des 31

août 1830, *Nel ;*—25 mai 1832, *Colin,* etc.). Tout ce que l'entrepreneur peut faire, en pareille occurrence, c'est d'adresser au ministre des observations, en la voie gracieuse, pour solliciter le maintien de son adjudication.

2. — Il semblerait, du moins, que le contrat, une fois homologué et devenu définitif des deux parts, dût faire désormais la loi invariable des parties. — Il n'en est pas ainsi, cependant, et, par une dérogation notable au droit commun, il a été admis que l'administration pourrait encore modifier le projet sur lequel est intervenue l'adjudication.

Ces modifications peuvent aller jusqu'au sixième en plus ou en moins, sans que l'entrepreneur puisse réclamer. Ce n'est que si cette limite est dépassée qu'il devient libre de retirer sa soumission. — Dans les entreprises d'une certaine importance, l'adjudicataire fera donc bien d'attendre que le projet approuvé soit revenu du ministère avant de se mettre en frais d'installation ou autres : on ne lui tiendrait, en effet, nul compte de ces premiers frais, s'il était ensuite dans le cas de se retirer.

3. — L'entrepreneur ne jouirait même plus du droit de se retirer pour augmentation dépassant le sixième du projet, si le montant de l'adjudication avait été indéterminé (arrêt du 23 déc. 1835, *Deshubert* et *Noury*).

4. — On verra plus loin, art. 39, § 2, que, pendant le cours de l'entreprise, l'administration se réserve également le droit d'augmenter ou de diminuer la masse des travaux jusqu'à concurrence du sixième du montant de l'entreprise.

5. — La disposition de l'art. 3 n'a pas été reproduite au nouveau cahier des charges du ministère d'État : c'est un retour, dans une certaine mesure, aux principes du droit commun.

ART. 4. — Pour que les travaux ne soient pas abandonnés à des spéculateurs inconnus ou inhabiles, l'entrepreneur ne pourra céder tout ou partie de son entreprise. Si l'on venait à découvrir que cette clause a été éludée, l'adjudication pourrait être résiliée, et, dans ce cas, il serait procédé à une nouvelle adjudication à la folle enchère de l'entrepreneur.

1.—L'administration avait traité avec telle personne déterminée, parce qu'elle connaissait sa capacité et sa solvabilité : elle est donc bien dans son droit en exigeant que le contrat soit maintenu dans les conditions où il avait pris naissance. — Elle ne reconnaît que l'entrepreneur avec lequel elle a passé le marché, et ne peut jamais avoir affaire qu'à lui.

2. — Dans l'usage, cependant, et malgré cette prohibition en principe, l'administration tolère que celui qui a soumissionné une entreprise en cède certaines parties à d'autres personnes avec lesquelles il passe alors des marchés particuliers.

—Ces sous-traités, qui peuvent faciliter la prompte exécution des travaux, sont assez fréquents dans les entreprises importantes.—Ils offrent pourtant des dangers quand les sous-traitants ne sont pas des hommes parfaitement sûrs : l'entrepreneur principal ne doit pas oublier, en effet, *qu'il reste toujours seul responsable* vis-à-vis de l'administration pour toutes les parties de son entreprise, quelles qu'aient pu être ses conventions avec ses sous-traitants ou tâcherons. — Ceux-ci ne sont jamais regardés que comme ayant agi d'ordre et pour compte de l'entrepreneur. — Et l'unité de responsabilité du soumissionnaire existe également vis-à-vis des tiers : aussi a-t-il été jugé par la Cour de cassation (arrêt du 17 juin 1846, *Foriel*) que l'entrepreneur principal reste toujours garant envers les ouvriers employés par ses tâcherons du paiement de leurs salaires. L'entrepreneur, dans cette espèce, avait cru rester affranchi de cette responsabilité en prévenant les intéressés par des affiches apposées dans les divers chantiers qu'il n'entendait point garantir leur paiement, et qu'ils n'auraient affaire qu'aux tâcherons ; mais cette précaution n'a pu prévaloir contre le principe absolu posé dans l'art. 4 des clauses et conditions générales. En un mot, les sous-traités que peut faire l'entrepreneur ne sont que des conventions de pure bonne foi entre lui et les sous-traitants : elles ne lient absolument que les parties contractantes, et n'ont aucune espèce de valeur vis-à-vis de l'administration ou des tiers.

5. — Il a été jugé même, dans cet ordre d'idées, que le sous-traité pouvait être déclaré nul d'office par les tribunaux, comme étant contraire à l'ordre public, et qu'en pareil cas le sous-traitant n'avait d'action contre l'entrepreneur principal que pour le remboursement de ses avances, qu'il n'avait droit de réclamer aucun bénéfice (arrêt de la Cour d'appel de Rennes, du 19 février 1849). Voici l'espèce : le sieur Lhommedé, adjudicataire des travaux de construction de 6 stations du chemin de fer de Tours à Nantes, avait sous-traité une partie de ces travaux à un sieur Favreau. Celui-ci avait déjà commencé ses approvisionnements, lorsque l'administration, qui avait sans doute des motifs particuliers pour ne pas l'agréer, signifia à Lhommedé qu'il eût à l'exclure de ses chantiers. Le sous-traité tombant ainsi forcément, Favreau assigna Lhommedé devant le tribunal de commerce, pour se faire payer : 1° la valeur d'une certaine quantité de matériaux approvisionnés ; 2° une somme de…. pour lui tenir lieu d'une partie des bénéfices que lui assuraient ses traités avec les fournisseurs, et pour l'indemniser de ses peines et soins. Le tribunal fit droit à cette demande ; mais, sur l'appel interjeté par Lhommedé, la Cour de Rennes, relevant d'office la contravention à l'art. 4 des clauses et conditions générales, prononça la nullité du sous-traité comme illicite ; puis, considérant qu'une convention dont la cause est illicite ne peut produire effet, et qu'elle peut autoriser seulement le remboursement des avances faites par l'un des contractants lorsque l'autre en a profité, elle réforma le jugement de première instance sur le chef relatif aux bénéfices qu'avait réclamés le sieur Favreau et qui avaient été alloués par les premiers juges.

4. — Il est bien entendu que l'entrepreneur peut avoir des associés ou coïntéressés. Seulement, s'ils ne sont pas en nom dans le procès-verbal d'adjudication, ils n'ont qualité, ni pour agir dans les instances qu'il peut y avoir à engager contre l'administration, ni pour suivre le règlement des décomptes. Celui-là seul qui est dénommé dans ce procès-verbal peut le faire (arrêts du Conseil, 12 février 1841, *Best;*—15 mars 1849, *Rouvillois;*—6 mars 1855, *Corduriés*).

5. — Si l'administration a résilié l'entreprise pour cause d'infraction à l'art. 4 non autorisée par elle, l'entrepreneur est sans droit pour réclamer l'application de l'art. 40 et la reprise de son matériel (V. à l'art. 40). Ainsi jugé le 9 mars 1854, *Colvee*. Cela ne pouvait faire difficulté, la reprise du matériel étant, dans l'économie du cahier des clauses et conditions générales, une mesure de faveur accordée dans certains cas seulement où la position de l'entrepreneur a paru mériter le plus d'intérêt.

6. — La sanction pénale de la prohibition portée en l'art. 4, c'est la résiliation avec réadjudication à la folle enchère de l'entrepreneur. Cette dernière mesure aura pour effet de faire supporter à celui-ci la différence quelquefois très-grande qui existe entre les prix de la réadjudication et ceux de son propre marché. Il sera encore question de la *folle enchère* sous l'art. 21, à propos de la mise en régie qui en est souvent l'antécédent.

Art. 5. — Pendant la durée entière de l'entreprise, l'adjudicataire ne pourra s'éloigner du lieu des travaux que pour affaires relatives à son marché, et après en avoir obtenu l'autorisation.

Dans ce cas, il choisira et fera agréer un représentant capable de le remplacer, et auquel il aura donné pouvoir d'agir pour lui et de faire les paiements aux ouvriers, de manière qu'aucune opération ne puisse être retardée ou suspendue pour raison de l'absence de l'entrepreneur.

Art. 6.— A l'époque fixée par l'adjudication, l'entrepreneur mettra la main à l'œuvre : il entretiendra constamment un nombre suffisant d'ouvriers ; il exécutera tous les ouvrages en se conformant strictement aux plans, profils, tracés, instructions et ordres de service qui lui seront donnés par les ingénieurs ou leurs préposés.

Il lui sera préalablement délivré par le préfet des expéditions en bonne forme du procès-verbal d'adjudication, du devis et du détail estimatif.

Art. 7. — Il se conformera pendant le cours

du travail aux changements qui lui seront ordonnés par écrit, et sous la responsabilité de l'ingénieur, pour des motifs de convenance, d'utilité ou d'économie, et il lui en sera fait compte suivant les dispositions de l'art. 5; mais il ne pourra de lui-même, et sous aucun prétexte, apporter le plus léger changement au projet ou au devis.

1. — Cet article est un de ceux que les entrepreneurs ont le plus d'intérêt à bien connaître. Avec de la prudence et les précautions nécessaires, ils peuvent en effet se soustraire à des dangers que beaucoup d'entre eux n'ont pas toujours su éviter.

2. — En principe, et suivant les règles du droit commun, l'entrepreneur ne devrait être obligé que d'après les termes et dans les prévisions exactes de son marché : hors de ces termes et de ces prévisions, il pourrait se refuser à toute exécution. Mais, en matière de travaux publics, on a cru devoir déroger à ces règles, et laisser l'administration maîtresse de modifier de son seul gré et dans une certaine mesure l'objet du contrat. C'est ainsi que nous avons vu, sous l'art. 3, l'administration se réserver le droit de faire des changements au projet, en homologuant l'adjudication, jusqu'à concurrence de 1/6 en plus ou en moins.

Ici, on stipule maintenant pour elle la faculté de faire, en cours d'exécution, les changements qui lui paraîtraient justifiés par des motifs de convenance, d'utilité ou d'économie. Ainsi, tel ouvrage qui devait être exécuté d'abord en maçonnerie ordinaire devra l'être désormais en moellons smillés ;—les matériaux qui devaient être pris à telle carrière devront être pris à telle autre plus éloignée, qui sera reconnue fournir des pierres plus dures et de meilleure qualité, etc., etc.—L'entrepreneur est obligé de se conformer à tous ces changements, sans pouvoir réclamer ; il lui en est fait compte au prorata du prix de l'adjudication, ou suivant les conditions de l'art. 22 (voy. ci-après).

5.—Mais, et c'est là le point essentiel à remarquer ici, toutes ces dérogations au marché primitif, apportées en cours d'exécution, ne deviennent obligatoires pour l'entrepreneur, et ne lui sont passées en compte, que lorsqu'elles lui ont été ordonnées *par écrit* par les ingénieurs ou leurs préposés. Il faut que l'entrepreneur se souvienne bien que ce n'est qu'en représentant cet ordre *écrit* qu'il sera fondé à réclamer le prix des travaux exécutés à titre de changements. Il a donc le droit, lorsqu'il est question d'un ouvrage non prévu par le devis, de surseoir à toute exécution, jusqu'à ce qu'il ait obtenu l'autorisation écrite de l'ingénieur ou du conducteur.

Les entrepreneurs ont été souvent punis de leur défaut de fermeté ou de précautions à cet égard, et les exemples abondent, dans la jurisprudence, de réclamations pour changements ou travaux supplémentaires rejetées, faute par l'entrepreneur de justifier d'une autorisation. Ainsi, ont échoué :

Un entrepreneur qui, d'après le devis, devait construire un mur *sans talus,* et qui disait avoir été obligé de le démolir pour le reconstruire *avec talus,* mais sans en fournir aucune preuve (arrêt du 27 février 1836, *Charageat*) ;

Un autre qui avait poussé, sans s'être muni de l'ordre écrit, les travaux de curage d'un canal en dehors des limites assignées par les profils (arrêt du 29 janvier 1839, *Thibault*) ;

Un autre qui alléguait avoir été obligé de faire pour ses remblais des emprunts de terre non prévus au devis, et qui n'avait pas fait constater cette nécessité (28 août 1837, *Clausel*), etc., etc.

4. — Il peut arriver cependant, dans le cas où l'entrepreneur aurait eu l'imprudence d'agir sans ordre écrit, que les ingénieurs ne fassent pas difficulté de reconnaître plus tard, par exemple, pendant l'instruction de la réclamation, l'existence des ordres verbaux en vertu desquels ont eu lieu les travaux litigieux.

Dans ce cas, et bien que le texte de l'art. 7 ne parle expressément que des changements ordonnés par écrit, il eût été bien rigoureux de refuser à l'entrepreneur le paiement de travaux reconnus constants et nécessaires. Aussi le Conseil d'Etat, dans sa haute équité, admet-il qu'il peut être suppléé à l'ordre écrit par un ordre verbal reconnu par les agents de l'administration ou justifié par les pièces de l'instruction. C'est ce qu'il

décidé notamment dans les espèces suivantes :
juin 1850, *Mombrun ;* — 24 février 1853, *Cres-*
onnier ;—12 août 1854, *Jourdan ;*—8 février 1855,
Lescure, etc.

Plus récemment encore, le Conseil a jugé d'une
manière générale que, l'art. 7 ne prononçant *au-*
cune déchéance à raison de l'absence d'ordre écrit,
es entrepreneurs pouvaient être admis à réclamer toutes les fois qu'ils étaient en mesure de
ustifier, par d'autres moyens, qu'ils avaient été
obligés d'exécuter les travaux contestés (10 jan-
ier 1856, *Nepvauet*).

5. — La prudence conseille évidemment de ne
as trop compter sur une pareille ressource, et
e se mettre en règle en se munissant de l'ordre
crit avant de mettre la main à l'œuvre.

6. — L'abus des ordres verbaux et les grands
inconvénients qui en résultent si souvent pour
es entrepreneurs avaient été trop de fois signalés
our ne pas attirer l'attention de l'administration
lle-même. — Dans une circulaire en date du 23
uillet 1851, M. le ministre des travaux publics
nsiste avec force auprès de MM. les ingénieurs
ur la nécessité d'un *ordre écrit :* « Je sais, dit-
il, que quelques ingénieurs regardent la disposition de l'art. 7 comme une faculté plutôt que
comme un devoir ; ils se bornent à donner des
ordres verbaux au lieu d'ordres écrits. Cette
interprétation n'est point exacte ; elle ne répond point aux vues de l'administration. C'est
un devoir rigoureux pour MM. les ingénieurs

« de laisser dans les mains de l'entrepreneur un
« ordre écrit, toutes les fois qu'ils s'écartent des
« conditions du devis pour des motifs de conve-
« nance, d'utilité ou d'économie. *En lui refusant*
« *cette garantie, ils le mettent à la merci de leurs*
« *souvenirs ;* ils peuvent d'ailleurs avoir reçu une
« autre destination avant le règlement du compte,
« et leurs successeurs ne retrouvant aucune trace
« des ordres de services antérieurs à leur direc-
« tion sont conduits à conclure contre des récla-
« mations souvent très-légitimes. »—Le nouveau
cahier du ministère d'Etat prescrit la tenue d'un
registre d'ordres de service, et dispose formellement que l'entrepreneur n'aura à se conformer
aux changements en cours d'exécution que lorsqu'ils auront été *ordonnés par écrit et consignés
sur ce registre.* L'entrepreneur est tenu d'apposer
au moins une fois par semaine sa signature sur le
registre des ordres de service, pour qu'il soit constaté qu'il a eu connaissance des ordres donnés.
Tous les ordres de changement devant être ainsi
écrits, enregistrés et communiqués à l'entrepreneur, il ne peut plus s'élever de contestation de
la nature de celle dont nous avons rendu compte
plus haut.

Art. **8.** — Dans le cas d'adjudication en continuation d'ouvrages, si l'entrepreneur sortant
juge à propos de garder pour son compte les
matériaux par lui approvisionnés en vertu
d'ordres des ingénieurs et non soldés par l'administration, ainsi que ses propres outils et équi-

pages, il sera tenu d'évacuer, dans le délai qui aura été fixé par le devis, tous les chantiers, magasins et emplacements publics. Si, au contraire, il a déclaré vouloir céder tout ou partie des objets ci-dessus indiqués, l'entrepreneur entrant sera tenu d'accepter les matériaux au prix de la nouvelle adjudication, et sur un état dressé contradictoirement entre les deux entrepreneurs, en supposant toutefois qu'on ait reconnu à ces matériaux les qualités requises.

Les outils et équipages seront payés de gré à gré ou à dire d'experts.

Art. **9.** — Lorsque le devis n'indiquera pas de carrières ou sablières appartenant à l'État, l'entrepreneur en ouvrira à ses frais dans les lieux indiqués par le devis. Il sera tenu de prévenir les propriétaires avant de commencer les extractions et de les dédommager de gré à gré, ou à dire d'experts, conformément aux lois et règlements sur la matière. Il devra représenter, toutes les fois qu'il en sera requis, le traité qu'il aura fait avec eux.

Il paiera, sans recours contre l'administration, tous les dommages que pourront occasionner la prise, le transport ou le dépôt des matériaux.

Il en sera de même des dommages pour établissement de chantiers, chemins de service et autres indemnités temporaires qui font partie des charges et faux frais de l'entreprise.

L'entrepreneur ne sera entièrement soldé, et ne pourra recevoir le montant de la retenue pour garantie dont il est parlé dans l'art. 35, qu'après avoir justifié, par des quittances en forme, qu'il a payé les indemnités et dommages mis à sa charge.

Dans le cas où le devis prescrirait d'extraire les matériaux dans les bois soumis au régime forestier, l'entrepreneur devra se conformer, sans recours en indemnité contre l'administration des ponts et chaussées, aux obligations résultant pour lui de l'art. 145 du Code forestier, ainsi que des art. 172, 173 et 175 de l'ordonnance royale du 1er août 1827, concernant l'exécution de ce Code (1).

1. — Les cinq premiers paragraphes de l'art. 9 rappellent les devoirs de l'entrepreneur envers les tiers dont les propriétés se trouvent atteintes par les travaux. Cette matière est importante, et nous croyons devoir présenter ici une analyse très-succincte des lois et règlements dont parle le § 1er, en même temps que l'interprétation que leur a donnée la jurisprudence.

2. Des règlements fort anciens autorisent l'ex-

---

(1) Nous nous occupons d'abord et séparément de ces cinq premiers paragraphes parce qu'ils sont relatifs au même objet.

traction des matériaux dans les propriétés privées, pour l'exécution des travaux publics. L'arrêt du Conseil (1) du 7 septembre 1755, qui est
toujours en vigueur, permet aux entrepreneurs
de prendre ces matériaux « dans tous les lieux qui
« leur seront indiqués par les devis et adjudica-
« tion des ouvrages, sans néanmoins qu'ils puis-
« sent les prendre dans des lieux qui seraient
« fermés de murs ou autre clôture équivalente,
« suivant les usages du pays. » Ainsi, deux conditions préliminaires et indispensables pour
qu'un terrain puisse être frappé de la servitude
d'utilité publique dont il est ici question : 1° ce
terrain doit avoir été désigné dans le devis de
l'entrepreneur ou dans un arrêté préfectoral portant autorisation spéciale de s'y introduire ; 2° il
doit être ouvert, c'est-à-dire non fermé de murs ou
de clôtures équivalentes dans les usages du pays.
— Ajoutons toutefois que, sur ce dernier point,
le droit de l'entrepreneur a été singulièrement
amplifié par un second arrêt du Conseil en date
du 20 mars 1780 qui explique que l'exemption
dont il s'agit au règlement de 1755 ne regarde

---

(1) Sous la législation antérieure à 1789, un arrêt du Conseil du
Roi pouvait avoir et avait souvent la valeur d'un véritable règlement
obligatoire pour l'avenir et pour tous. — On sait qu'aujourd'hui et
d'après l'art. 5 du Code Nap., il n'en peut plus être ainsi : les arrêts du Conseil d'Etat, ou plutôt les décrets rendus par l'Empereur,
le Conseil d'Etat au contentieux entendu, ne sont plus que des décisions spéciales à chaque espèce et n'ayant d'autre autorité et
d'autre portée que les décisions judiciaires ordinaires.

pas les terres labourables, prés, bois, vignes et autres héritages de même nature, *lors même qu'ils seraient clos*, mais seulement les cours, jardins et vergers attenant aux habitations et profitant des mêmes clôtures que celles-ci. Cette interprétation extensive des termes de l'arrêt du Conseil du 7 septembre 1755 fut jugée nécessaire pour faciliter l'exécution des ouvrages publics qui, sans cela et dans certaines provinces surtout, eût été trop souvent entravée; elle a été consacrée par la jurisprudence moderne du Conseil d'Etat (1er juillet 1840, *de Champagné;*—29 novembre 1848, *Rolland;* — 22 mars 1851, *Blancler*). Il en résulte que l'administration peut désigner et que l'entrepreneur peut fouiller tous les terrains, clos ou non, qui ne sont pas dépendances closes des habitations.

Du reste, tout ce qu'il faut à l'entrepreneur pour que sa responsabilité soit à couvert vis-à-vis du propriétaire, c'est que le terrain lui ait été indiqué, soit par son devis, soit par un arrêté postérieur; qu'ensuite le propriétaire vienne à discuter si son terrain ne devait pas jouir de l'exemption, ce sera une question qui ne regardera plus que l'administration.

3. — Une autre obligation de l'entrepreneur qui est rappelée dans notre art. 9, c'est d'avertir les propriétaires *avant de commencer les extractions*. Cette obligation est écrite dans la loi du 28 sept.-6 octob. 1791, dite *Code rural* (sect. 4, art. 1er), et aucune loi postérieure n'en a prononcé l'abrogation. Il est effectivement juste et convenable de faire connaître d'avance au propriétaire les actes administratifs en vertu desquels on va s'introduire chez lui pour y commettre des dégâts, nécessaires sans doute, mais toujours douloureux pour l'intérêt privé. L'avertissement dont il est question ici devra se donner, ce semble, par un acte extrajudiciaire dans lequel l'entrepreneur citera l'extrait de son devis en ce qui touche la désignation du terrain, ou notifiera l'arrêté spécial du préfet.

4. — Quelle sera la sanction de ces obligations de l'entrepreneur? Pour la première (obligation de ne pénétrer que dans les lieux spécialement et expressément désignés par l'autorité administrative), il y en a une très-sérieuse. C'est que l'entrepreneur qui se serait permis d'opérer sans autorisation, ou bien en dehors des limites indiquées, deviendrait passible de poursuites devant les tribunaux ordinaires comme ayant commis au préjudice du propriétaire une violation de propriété, une véritable voie de fait. En pareil cas, l'entrepreneur perdrait sa qualité de représentant, d'ayant droit de l'administration, jouissant à ce titre du privilége de ne répondre que devant la juridiction administrative des dommages qu'il commet: il redeviendrait un simple particulier justiciable, comme toute autre personne, des tribunaux ordinaires, pour ses fautes ou délits. C'est là un point bien constant dans la jurisprudence du Conseil d'État et de la Cour de cassation (V.

notamment un arrêt sur conflit rendu par le Conseil d'État le 15 mai 1856, *Galet*).

Il faut observer, toutefois, que lorsqu'il y a doute sur le point de savoir si l'entrepreneur a ou non dépassé la limite de ses droits, tels qu'ils avaient été fixés par l'administration, c'est là une question préjudicielle qu'il appartient à la juridiction administrative seule de résoudre : ceci est encore de jurisprudence constante.

Quant à la seconde obligation, celle de l'avertissement préalable au propriétaire, elle n'a pas de sanction aussi positive ; son inaccomplissement pourrait cependant donner à l'entrepreneur de graves embarras. Il peut arriver, d'abord, et il est arrivé assez souvent, que le propriétaire s'oppose matériellement à toute extraction et qu'il s'engage par suite, entre les ouvriers de part et d'autre, des luttes fâcheuses ; mais il arrivera surtout que le propriétaire, irrité à la fois, et de la mesure en elle-même, et du manque d'égards de l'entrepreneur, lui suscitera des oppositions et des tracasseries toujours gênantes, lors même qu'elles seraient mal fondées. Enfin, et ce n'est pas le point de vue le moins important, le règlement de l'indemnité se fera en général à de meilleures conditions pour l'entrepreneur lorsque les parties se seront entendues à l'amiable, que lorsqu'il n'aura été rien fait pour prévenir la mauvaise humeur et les exigences des propriétaires.

5. — Lorsque les entrepreneurs doivent extraire des matériaux dans des carrières déjà existantes,

ils demeurent soumis, bien entendu, aux lois de police qui, dans l'intérêt de la sûreté publique, règlent la distance à laquelle de pareilles exploitations doivent être tenues des routes et des habitations (V. à l'appendice). C'est à eux à s'y conformer à leurs risques et périls. Ainsi, il a été jugé que lorsqu'un entrepreneur avait poussé l'exploitation d'une carrière si près d'une habitation qu'il pouvait y avoir péril pour celle-ci, l'administration pouvait faire cesser cette exploitation sans qu'il eût à réclamer aucune indemnité (8 juillet 1840, *Lixante*).

6. — En ce qui touche les extractions à faire dans les bois soumis au régime forestier, il nous suffira de citer les dispositions de loi auxquelles renvoie l'art. 9. On les trouvera à l'appendice.

7. — L'art. 9, § 1er, rappelle aux entrepreneurs qu'ils doivent dédommager les propriétaires de *gré à gré* ou *à dire d'experts*. Nous n'avons rien à dire des traités de gré à gré. Nous nous occuperons seulement de ce qui se passe quand il y a contestation entre les parties sur le règlement de l'indemnité.

En pareil cas, la loi du 28 pluviôse an 8 (art. 4) a réservé aux entrepreneurs de travaux publics le bénéfice d'une juridiction spéciale plus expéditive et moins coûteuse que la juridiction ordinaire : — celle des conseils de préfecture. La marche à suivre est réglée par les art. 55 et 56 de la loi du 16 septembre 1807. Chaque partie est mise en demeure de nommer son expert, et, si elle ne le fait pas, le conseil le nomme d'office. Le tiers expert, dans les travaux qui intéressent la grande voirie, est de droit l'ingénieur en chef du département (lorsque les extractions se sont faites dans un bois soumis au régime forestier, le tiers expert est l'agent forestier supérieur de l'arrondissement).—Les experts doivent, avant de procéder, prêter serment devant l'un des membres du conseil de préfecture délégué par ce conseil, et cette formalité, d'ordre public, est rigoureusement prescrite à peine de nullité de toutes les opérations (jurisprudence constante du Conseil d'État). Cependant l'ingénieur en chef, *lorsqu'il est tiers expert de droit*, est dispensé du serment, comme remplissant alors un acte de ses fonctions (il en serait autrement et il serait assujetti au serment, s'il avait été désigné au même titre que les autres experts, hors des cas où la loi lui donne mandat exprès (arrêt du 29 mai 1856, *Doyen*). —Les experts font ensuite leur rapport, et le conseil de préfecture prononce, sans être obligé de se conformer à leurs conclusions : car c'est une règle du droit commun, applicable à toute espèce de juridiction, que le juge conserve son indépendance même en présence de rapports d'experts, et que l'opinion manifestée par ceux-ci ne le lie en aucune manière (art. 323 du Cod. de procéd. civile). Mais, si les conseils de préfecture sont libres de ne pas suivre l'avis des experts, ils ne peuvent se dispenser de le demander. L'expertise est absolument obligatoire en pareille matière, et un conseil de préfecture qui s'abstiendrait d'y recourir, sous prétexte de renseignements suffisants, verrait infailliblement son arrêté annulé par le Conseil d'État. Enfin, il a été jugé qu'en cas de désaccord entre les experts, la tierce expertise est de rigueur, et que le conseil de préfecture ne peut se dispenser de l'ordonner (27 mars 1856, *Guion*).

8. — La fixation de l'indemnité doit avoir lieu suivant certains principes qui ont été posés par la loi. Ainsi, l'art. 55 de la loi du 16 septembre 1807 dispose formellement que, dans cette fixation, on ne doit pas avoir égard à la valeur des matériaux enlevés, mais seulement aux torts et dommages causés à la propriété par les fouilles. C'est encore là un avantage que les entrepreneurs ne trouveraient pas devant les tribunaux ordinaires, où l'on tiendrait certainement compte de *tous* les éléments de la perte soufferte par le propriétaire.

Cependant, dans le cas où les extractions auraient eu lieu dans une carrière *en exploitation*, on prend en considération la valeur des matériaux extraits : c'est ce que prescrit le même art. 55. La jurisprudence du Conseil d'Etat interprète ces mots « *carrière en exploitation* » en ce sens qu'il n'est pas besoin, pour que le propriétaire puisse se prévaloir de cette disposition de la loi, que l'exploitation soit régulière et actuelle; il suffit qu'elle ait existé sérieusement avant l'extraction, et que d'ailleurs elle n'ait point été abandonnée (21 décembre 1849, *de Rely;*—21 mai 1852, *Gasté;* —18 mai 1854, *Lebègue*).

Le Conseil décide également que, si les matériaux extraits, sans l'avoir été précisément dans l'ancienne exploitation, ont été trouvés dans la même propriété et sur le prolongement visible du même banc, il y a lieu encore de faire jouir le propriétaire du bénéfice de l'art. 55, § 2 (21 mai 1852, *Gasté*). C'est là une question de fait que le Conseil apprécie d'après les éléments de l'instruction dans chaque affaire. Il a repoussé, par exemple, la prétention d'un propriétaire de deux pièces de terre de se faire payer les matériaux extraits comme provenant d'une même carrière en exploitation, alors que la pièce où avaient eu lieu les fouilles de l'entrepreneur était séparée par une route de celle où se trouvait la prétendue carrière en exploitation (10 mai 1855, *de Béthune*).

Le prix des matériaux extraits, dans le cas où il y a lieu d'en tenir compte, doit être fixé suivant le prix courant du pays, abstraction faite des besoins de l'entreprise à laquelle ils sont destinés ; le propriétaire ne doit pas profiter de cette dernière circonstance pour faire un bénéfice exagéré au détriment de l'Etat et de l'entrepreneur (1er mars 1826, *Gallichet* ; 4 mai 1826, *Tiolier*).

9. — Pourrait-on condamner l'entrepreneur, non-seulement à la réparation du dommage matériel causé, mais encore à faire des travaux accessoires, tels qu'un mur de clôture autour des excavations produites par les fouilles ? Nous ne le pensons pas. Les lois et règlements de la matière n'astreignent l'entrepreneur qu'à payer indemnité aux propriétaires : il y aurait donc excès de pouvoirs à les forcer de faire en outre des travaux d'appropriation ou de défense pour le terrain une fois excavé. Ce sera aux experts à tenir compte de cette éventualité dans la fixation du chiffre de l'indemnité à accorder.

10. — L'entrepreneur doit payer aussi les indemnités dues aux propriétaires pour les occupations de terrains nécessitées par le dépôt des matériaux, l'établissement de chantiers ou de chemins de service. Nous croyons que, pour ces occupations, l'entrepreneur doit remplir les mêmes formalités que pour les fouilles et extractions, c'est-à-dire prévenir le propriétaire et justifier d'une autorisation de l'administration.

Quant au règlement des indemnités, il a lieu de la même manière que pour les fouilles et extractions.

11. — L'obligation, pour l'entrepreneur, de supporter les charges et faux frais de l'entreprise, est absolue. Aussi le Conseil d'Etat a-t-il annulé un arrêté du conseil de préfecture qui, dans une espèce où un chemin de service avait été surtout pratiqué par les agents de l'administration, avait cru pouvoir affranchir l'entrepreneur de tout concours aux frais d'entretien de ce chemin, et il a décidé qu'il y avait lieu seulement, dans un cas semblable, de décharger l'entrepreneur d'une partie des frais (23 novembre 1850, *Mourier* et *Marcellin*).

Dans une autre affaire (7 mai 1852, *Alazard*), l'entrepreneur avait eu à déblayer des rochers à l'aide de la mine, et il était arrivé que des éclats projetés au loin avaient causé des dommages sur une propriété voisine où ils étaient retombés. Le propriétaire ayant réclamé une indemnité, l'entrepreneur prétendit qu'il y avait force majeure et que c'était à l'administration à réparer le dommage (V. art. 26 plus loin) ; mais le conseil de préfecture et le Conseil d'Etat, considérant que l'emploi de la mine était prévu par le devis et que les dommages résultant de ce moyen d'exécution rentraient dans les indemnités temporaires qui, aux termes de l'art. 9, font partie des charges et faux frais de l'entreprise, repoussèrent ce système et condamnèrent le sieur Alazard à indemniser le propriétaire.

12. — C'est *aux entrepreneurs de travaux publics* que le droit de fouille et d'extraction a été conféré par les anciens règlements. Jugé en conséquence que, s'agissant d'une lourde servitude pour la propriété, les termes de l'art. 1er de l'arrêt du conseil de 1755 ne pouvaient être étendus, et que le droit d'extraction n'appartenait pas à de simples *fournisseurs de matériaux* qui ne les mettent pas en œuvre eux-mêmes, qui ne les emploient pas eux-mêmes à aucun ouvrage public dont ils soient adjudicataires (2 juillet 1847, *Levacher ;* — 13 avril 1850, *Anjorrant;* — 3 mai 1850, *Baron;*—21 avril 1854, *de Pavin*). Nous approuvons complétement cette jurisprudence à laquelle l'administration a longtemps résisté.

ART. **9** (2e PARTIE). — Si, pendant la durée

de l'entreprise, il était reconnu indispensable de prescrire à l'entrepreneur d'extraire des matériaux dans des lieux autres que ceux prévus au devis, les ingénieurs établiront de nouveaux prix d'extraction et de transport d'après les éléments de l'adjudication. Ces changements, après avoir été soumis à l'approbation du préfet, seront signifiés à l'entrepreneur qui, en cas de refus, devra déduire ses motifs dans le délai de dix jours, et il sera statué ensuite par l'administration ce qu'il appartiendra. Dans ce même cas de refus, l'administration aura le droit de considérer l'extraction et le transport des matériaux comme ne faisant pas partie de l'entreprise.

Si l'entrepreneur parvenait à découvrir de nouvelles carrières plus rapprochées que celles qui auraient été indiquées au devis et offrant des matériaux d'une qualité au moins égale, il recevra l'autorisation de les exploiter, et il ne subira sur les prix de l'adjudication aucune déduction pour cause de diminution de frais d'extraction, de transport et de taille des matériaux.

L'entrepreneur ne pourra, en aucun cas, livrer au commerce les matériaux qu'il aura fait extraire dans une carrière qui ne lui appartenait pas, attendu que le droit d'exploitation ne lui a été conféré qu'en sa qualité d'entrepreneur de travaux publics et pour un objet déterminé.

1. — Le changement de carrière, en cours d'exécution, est un incident qui se produit assez souvent : comme il peut amener des modifications graves dans les prix et altérer ainsi l'une dés bases fondamentales du contrat, il était juste de demander le consentement de l'entrepreneur. L'art. 9, § 6, en réservant à l'administration le droit d'ordonner ce changement, lorsqu'elle le jugera indispensable, donne donc aussi à l'entrepreneur le droit de refuser, si elles ne lui conviennent pas, les conditions nouvelles qui lui sont proposées. Seulement, dans ce cas de refus de sa part, on stipule pour l'administration que l'exploitation des nouvelles carrières pourra être détachée par elle de l'entreprise, et qu'elle aura le droit, soit de s'en charger elle-même en régie, soit d'en faire l'objet d'une adjudication nouvelle, sans que l'entrepreneur puisse se plaindre de cette diminution dans la masse des travaux qu'il avait soumissionnés. On respecte ainsi, tout en faisant une large part aux besoins et prérogatives de l'administration, ce principe général que nul contrat ne peut être modifié que du consentement exprès de chaque partie.

2. — C'est donc par une fausse interprétation de cet art. 9 qu'il a été quelquefois soutenu que l'administration avait le droit, en cas de refus par l'entrepreneur d'exploiter les nouvelles carrières, de le forcer à cette exploitation et de le mettre en régie, s'il persistait dans sa résistance. On colorait cette interprétation en disant que, si l'art.

9 donnait à l'administration le droit de considérer la nouvelle exploitation comme étant en dehors de l'entreprise, ce n'était là pour elle qu'une simple faculté ; qu'elle était libre de n'en pas user, et d'imposer, si elle le préférait, le changement à l'entrepreneur. Mais ce système était trop visiblement contraire aux principes et au texte même de l'art. 9 pour qu'il pût triompher. Aussi a-t-il été condamné une première fois par le Conseil d'Etat dans un arrêt du 10 décembre 1846 (*Castex*) obtenu par notre savant prédécesseur, M. Cotelle, et dans une espèce plus récente (10 septembre 1855, *Troye* et *Danjou*), le Conseil a très-explicitement posé ce principe que les entrepreneurs, en refusant les nouveaux prix offerts par les ingénieurs, ne *font qu'user d'un droit incontestable :* seulement, les travaux ainsi refusés devant être désormais considérés comme ne faisant pas partie de l'entreprise, l'entrepreneur ne peut réclamer aucun bénéfice à leur sujet (même arrêt).

Dans le nouveau cahier du ministère d'Etat, le droit de refus de l'entrepreneur a été mis hors de tout doute par une disposition expresse.

5. — L'équitable disposition du paragraphe 7 est également maintenue dans toute sa portée par le Conseil. Dans une espèce où l'administration avait fait effectuer le transport des matériaux par le moyen des prestations en nature, les ingénieurs prétendaient déduire ce transport en entier à l'entrepreneur ; mais le Conseil a fait justice de cette prétention en décidant que la circonstance invoquée par l'administration l'autorisait seulement à déduire du prix de transport porté au devis la somme afférente aux transports exécutés par prestation, et qu'elle devait rembourser à l'entrepreneur le surplus (18 janvier 1845, *Sautin*).

Dans une autre espèce (22 février 1855, *Andrieu*), l'administration voulait appliquer un prix spécial et bien inférieur à celui du devis à des matériaux que l'entrepreneur d'une route avait extraits de carrières plus rapprochées que celles indiquées au devis : le Conseil a également maintenu au profit de l'entrepreneur l'application du paragraphe 7.

Mais il a été jugé avec non moins de raison que l'entrepreneur qui avait été autorisé, sur sa demande, à extraire dans une carrière plus rapprochée que celle prévue au devis, n'avait droit à aucune indemnité pour l'ouverture de la carrière qu'il avait abandonnée (16 août 1843, *Beisson*).

4. — La dernière disposition de l'art. 9 porte sa justification avec elle. Le droit d'extraction qui appartient à l'entrepreneur ne lui a pas été conféré dans son intérêt personnel, mais uniquement en vue d'un service public : les matériaux ne deviennent sa propriété qu'à la charge par lui de les employer exclusivement aux besoins de l'entreprise spéciale qu'il a soumissionnée. — C'est uniquement pour cela et à cause de leur destination d'utilité publique que le propriétaire a dû en souffrir l'extraction, sans même en recevoir la

valeur intrinsèque (sauf le cas de carrière déjà en exploitation) : ce sacrifice n'aurait plus de cause légitime, si les matériaux pouvaient être livrés au commerce.

Il a été jugé le 11 août 1849 (*Quesnel*) que, lorsqu'un entrepreneur avait fait des extractions au delà des besoins prévus par le devis, et qu'il avait vendu l'excédant pour son compte personnel, l'indemnité à payer au propriétaire devait, en ce qui concernait les matériaux ainsi vendus et n'ayant pas servi aux travaux, être réglée non plus par le conseil de Préfecture, mais par les tribunaux ordinaires, attendu qu'il s'agissait alors d'un acte pour lequel l'entrepreneur n'était plus couvert par sa qualité.

5. — L'entrepreneur qui contreviendrait au dernier paragraphe de l'art. 9 s'exposerait, suivant nous, à une réclamation de dommages-intérêts de la part du propriétaire : cette réclamation pourrait être fondée sur ce que le fait même de la vente des matériaux prouverait qu'il a été causé à la propriété des dommages inutiles.

Art. 10. — L'entrepreneur sera tenu, indépendamment des indemnités mentionnées à l'article précédent, de fournir à ses frais les magasins, équipages, voitures, ustensiles et outils de toute espèce, sauf les exceptions qui seront stipulées au devis.

Seront également à sa charge les frais de tracé d'ouvrages, les cordeaux, piquets et jalons, et généralement tout ce qui constitue les faux frais et menues dépenses dont un entrepreneur n'est pas admis à compter.

ART. 11. — Au moyen des prix consentis et approuvés, l'entrepreneur fera l'achat, la fourniture, le transport à pied d'œuvre, la façon, la pose et l'emploi de tous les matériaux.

Il soldera les salaires et peines d'ouvriers, les commis et autres agents dont il pourra avoir besoin pour assurer la bonne et solide exécution des ouvrages.

Il ne pourra, sous aucun prétexte d'erreur ou d'omission dans la composition des prix de sous-détails, revenir sur les prix par lui consentis, attendu qu'il a dû s'en rendre préalablement un compte exact, et qu'il est censé avoir refait et vérifié tous les calculs d'appréciation.

Mais il pourra réclamer, s'il y a lieu, contre les erreurs de métrés ou de dimensions d'ouvrages.

1.—Le paiement des ouvriers est une des obligations les plus impérieuses de l'entrepreneur.— A défaut de ce paiement, les ouvriers ainsi que les fournisseurs de matériaux ou autres objets servant à la construction des ouvrages ont le droit de former opposition sur *les fonds déposés dans les caisses de l'État pour être délivrés à l'entrepreneur* (art. 3 et 1er du décret du 26 pluviôse an 2). Cette

faculté étant refusée par ledit décret aux autres
créanciers particuliers de l'entrepreneur, constitue en réalité un *privilége* au profit des ouvriers
et fournisseurs. Il a été jugé, en conséquence, que
les priviléges étant de droit étroit et ne pouvant
résulter que d'une loi positive manifestant clairement la volonté du législateur, quant aux sommes et valeurs qu'il entend soumettre à l'exercice
du privilége, l'opposition des ouvriers et fournisseurs ne pouvait frapper sur le *cautionnement*
de l'entrepreneur, lequel ne rentre pas expressément dans les termes du décret du 26 pluviôse
(arrêt de la Cour de cassation du 31 juillet 1849,
Debrousse).

2. — Le troisième paragraphe de l'art. 11 est
une des dispositions qui ont donné lieu aux plus
nombreuses contestations. — Bien souvent, des
entrepreneurs qui s'étaient engagés trop légère-
ment ont essayé sans succès de faire fléchir en
leur faveur la lettre rigoureuse de ce troisième
paragraphe. — Il est arrivé aussi que l'administration a voulu à tort faire rentrer sous l'application de cette disposition des réclamations justes
et qui devaient y échapper. — Nous allons essayer
d'en fixer le sens et la portée.

3. — On sait que, lorsqu'il s'agit de mettre en
adjudication des travaux publics, les ingénieurs
rédigent un certain nombre de pièces qui sont
d'abord et surtout : le *devis*, le *détail estimatif*,
le *sous-détail* des prix; puis des profils, des avant-
métrés, etc. — Ces pièces n'ont pas toutes la même

valeur lorsqu'il y a lieu d'y recourir pour la décision des contestations qui s'élèvent entre l'entrepreneur et l'administration.

4.—Le *devis* est la description détaillée et circonstanciée de toutes les parties du travail mis en adjudication : il indique le mode d'exécution des différents ouvrages, la manière de les évaluer, les conditions particulières et générales prescrites à l'adjudicataire.—Sous ce dernier rapport, on peut l'appeler aussi le cahier des charges de l'entreprise. — C'est la pièce principale, c'est la loi du contrat, et c'est au devis tout d'abord qu'on a recours pour résoudre les difficultés qui s'élèvent entre les parties.

5.—Mais l'entrepreneur qui veut se rendre adjudicataire n'a pas à prendre connaissance seulement du devis. — Après avoir vu quels sont les ouvrages à exécuter, il faut encore qu'il connaisse le prix qu'on alloue pour chaque unité d'ouvrage : ainsi, par exemple, le prix du mètre cube de déblai en terre, de déblai en rocher, de maçonnerie, etc. — Ces renseignements indispensables, il les trouve au *détail estimatif*, qu'on appelle aussi quelquefois bordereau des prix, et qui contient, avec l'indication des quantités d'ouvrages à exécuter, le prix d'unité de chacun de ces ouvrages. — Le détail estimatif est donc encore une pièce importante du marché :—c'est lui qui fait loi quant à la fixation des prix (24 avril 1856. — *Vanni*), et en cas de contradiction entre l'énonciation du détail estimatif et celle du *sous-détail* dont nous allons parler, c'est la première qui doit prévaloir (même arrêt).

6. — Il est une troisième pièce, ordinairement jointe aux deux autres, et remise avec elles à l'entrepreneur : c'est le *sous-détail* ou analyse des prix. — Cette pièce donne le détail des divers éléments qui ont servi aux ingénieurs pour composer le prix de chaque unité d'ouvrage, et qui sont en général les suivants : 1° la valeur intrinsèque des matériaux ou objets à fournir ; 2° les déchets qu'ils subissent dans leur emploi ; 3° la main-d'œuvre pour cet emploi ; 4° les faux frais, comprenant la dépense des outils, équipages et machines, les frais de conduite et de surveillance des travaux, etc. ; 5° l'intérêt des fonds avancés par l'entrepreneur et le dixième de bénéfice (V. Tarbé de Vauxclair, *Dictionnaire des travaux publics*), de sorte que le prix assigné à chaque unité d'ouvrage est, dans le sous-détail, le résultat d'une addition de ces divers éléments.

Mais, et nous rentrons ici directement dans le commentaire de notre article, le *sous-détail*, quoique remis habituellement à l'entrepreneur avec les autres pièces, ne fait pas partie du contrat : c'est un document qui ne lui est naturellement pas destiné et qui a pour unique objet de mettre l'administration à même de se rendre compte de la manière dont l'auteur du projet a établi les prix. — Lorsqu'elle fait dresser un projet, l'administration ne garantit nullement aux entrepreneurs la vérité ni l'exactitude des calculs élémentaires au moyen desquels les ingénieurs sont arrivés à la fixation des prix annoncés au détail estimatif : c'est aux entrepreneurs à faire eux-mêmes leurs calculs et à voir s'ils trouvent dans chacun de ces prix une rémunération suffisante pour chaque unité d'ouvrage. Lorsqu'ils ont une fois accepté les prix portés au détail estimatif, ils sont censés les avoir trouvés convenablement établis, et ils ne sont plus admis à réclamer sous prétexte des erreurs ou omissions qu'ils auraient ensuite découvertes dans la composition des sous-détails. Tel est le sens du troisième paragraphe de l'art. 11.

7.—La jurisprudence a plusieurs fois confirmé cette règle que le sous-détail des prix des ouvrages est étranger au marché : — Dans une espèce où l'entrepreneur réclamait une indemnité pour le mortier qu'il disait avoir employé en sus de la quantité portée dans le sous-détail du prix du mètre cube de maçonnerie, le Conseil a rejeté la requête par les motifs suivants : « Considérant que « la proportion de mortier qui doit entrer dans un « mètre cube de maçonnerie n'est point énoncée « au devis; qu'elle ne figure que dans la pièce « intitulée détails et sous-détails des prix des ou-« vrages ; — *que cette pièce ne doit être considé-« rée que comme un simple document,* et qu'elle « ne pourrait servir de base aux prétentions de « l'entrepreneur qu'autant que le devis ou le pro-« cès-verbal d'adjudication s'y serait référé, ce « qui n'a pas eu lieu dans l'espèce » (arrêt du 17 fév. 1880, *Maury*).

Il a été jugé réciproquement, et dans le même ordre d'idées, que l'administration ne pouvait se prévaloir contre l'entrepreneur du sous-détail (lequel, dans l'espèce, portait un prix inférieur à celui annoncé dans le détail estimatif), lorsque ni le devis ni le procès-verbal d'adjudication ne s'y étaient référés, et qu'au contraire, le procès-verbal d'adjudication s'était expressément référé au détail estimatif (8 décembre 1853, *Barras*).

8. — On voit dans les motifs des deux arrêts précités une réserve faite pour le cas où, soit le devis, soit le procès-verbal d'adjudication, se serait expressément référé au sous-détail. Lorsqu'en effet une telle référence a eu lieu, la règle change; car le devis ou le procès-verbal d'adjudication s'appropriant en quelque sorte le sous-détail, lui communique sa force et son autorité, et en fait alors une pièce du contrat. C'est ainsi qu'on s'est reporté au sous-détail, pour rejeter la réclamation de l'entrepreneur, dans une espèce où celui-ci invoquait le silence du devis et du détail estimatif sur le *démontage* d'une chaussée pavée (il s'agissait de travaux de restauration d'une route et d'une chaussée pavée à convertir en chaussée de matériaux concassés), et demandait un prix spécial pour cette opération. Le conseil a considéré que le détail estimatif avait fixé un prix pour le concassage de l'empierrement nouveau, et *s'était référé expressément* pour la composition de ce prix à un sous-détail dont les énonciations comprenaient le démontage litigieux ; que par conséquent

les frais de ce démontage ne pouvaient être réclamés à un titre distinct (22 février 1851, *Andrieu*).

9. — Les marchés ordinaires dans les ponts et
chaussées sont des marchés à l'*unité de mesure*,
c'est-à-dire dans lesquels l'entrepreneur s'oblige
à exécuter une certaine quantité de travaux à tel
prix pour chaque unité d'ouvrage. C'est à ceux-
là que s'applique la règle générale que le sous-
détail n'est pas une pièce du contrat. Mais il se
passe aussi quelquefois des marchés sur *séries de
prix*, c'est-à-dire où la quantité des ouvrages
n'est pas déterminée et où il n'y a de fixé à l'avance
que les prix d'unité (par exemple, pour les travaux d'entretien des routes, la réparation de di-
gues à la mer, les travaux en rivière, etc.). Dans
ces sortes d'entreprises, c'est le sous-détail qui fait
loi quant aux prix, et non le détail estimatif, qui
n'est plus ici qu'une pièce accessoire et sans importance; de telle sorte qu'en cas de contradiction entre ces deux pièces sur un certain prix,
c'est à la première seule qu'il faut s'attacher (31
mai 1855, *Loustalot* et *Dagonneau*).

10. — Voici maintenant quelques-unes des
nombreuses applications qui ont été faites par la
jurisprudence du principe posé au paragraphe 3
de l'art. 11 :

L'entrepreneur ne peut être admis à réclamer
contre la composition du prix fixé pour des matériaux à extraire d'une certaine carrière, sous prétexte que dans cette composition les ingénieurs
auraient supposé la carrière éloignée de 22 kilo-

mètres seulement du siége des travaux, alors qu'en réalité la distance était de 29 kilomètres (4 juin 1852, *Chovelon*).

Il ne peut réclamer davantage contre le prix du mètre courant de chaussée d'empierrement, sous prétexte qu'on aurait omis d'y comprendre l'emmétrage des moellons (23 décembre 1852, *Micé*).

Il ne peut réclamer non plus un prix particulier pour l'extraction de roches de nature granitique beaucoup plus difficiles que celles réellement prévues, alors que le prix fixé l'a été uniformément pour le mètre cube d'extraction de toutes les roches d'un port, sans distinction (29 mars 1851, *Caron*).

Jugé encore, dans une espèce où le prix d'extraction des roches avait été fixé dans la supposition que le rocher à extraire resterait découvert par le flot pendant un certain nombre d'heures, chaque jour, et où il était démontré par l'entrepreneur que ce calcul s'était trouvé inexact et qu'il n'avait pu travailler que pendant un temps beaucoup moindre, que la réclamation était non recevable en présence de l'art. 11 (25 février 1841, *Lesguer*).

Jugé même que le défaut de mention dans la composition d'un sous-détail d'un droit d'octroi auquel les ingénieurs n'avaient pas pensé que les matériaux fussent soumis ne constituait qu'une omission de la nature de celles dont parle l'art. 11 (10 mars 1843, *Belleville*).

Même décision touchant le droit de péage d'un pont que l'entrepreneur réclamait comme n'ayant pas été prévu dans un prix de transport (18 décembre 1846, *Jeannez*) ;— etc.

11. — Dans toutes les espèces qui précèdent, c'était l'administration qui opposait l'art. 11 aux entrepreneurs, et qui l'opposait avec succès en invoquant ce principe que les indications des sous-détails sont étrangères au marché. Voici une affaire où les rôles ordinaires se sont trouvés intervertis, et où c'était l'entrepreneur qui se prévalait, à son tour, contre les ingénieurs, du principe de l'art. 11.

Il s'agissait de travaux de restauration d'une route pavée pour lesquels on devait employer des pavés de l'ancienne chaussée. Le sous-détail allouait le prix unique de 70 fr. pour *la retaille d'un mille de pavés*. Cependant, dans le décompte final des travaux, les ingénieurs crurent pouvoir distinguer entre les pavés retaillés qui avaient été employés *sur place* et ceux qui avaient été transportés à une certaine distance (5,900 mètres). Ils n'allouaient le prix de 70 fr. que pour ceux-ci seulement, prétendant composer pour les premiers un prix spécial et beaucoup moindre, sous prétexte que le prix de 70 fr. du sous-détail comprenait dans sa composition un transport des pavés à 5,900 mètres, transport que l'entrepreneur n'avait eu, suivant eux, à effectuer que pour un très-petit nombre de pavés retaillés. L'entrepreneur résista à cette prétention en disant que, puisqu'en principe la composition des sous-détails était un élément en dehors du marché, l'administration ne devait pas être plus recevable à s'en prévaloir contre l'entrepreneur que celui-ci ne l'aurait été à l'invoquer contre elle; qu'on devait donc, dans la contestation, n'avoir aucun égard aux éléments de composition du prix de 70 fr., et qu'il n'y avait à considérer qu'une seule chose : à quelle unité d'ouvrage s'appliquait ce prix. Or, cette unité d'ouvrage, c'était la *retaille d'un mille de pavés*, sans mention aucune d'un transport quelconque. Le prix de 70 fr. devait donc être alloué pour chaque mille de pavés retaillés, sans aucune distinction. Cette défense, parfaitement fondée en droit, aurait dû réussir devant le conseil de préfecture; l'entrepreneur échoua cependant à ce premier degré de juridiction; et ce n'est que sur l'appel conseillé et soutenu par nous que justice lui fut définitivement rendue par le Conseil d'Etat (16 novembre 1854, *Appay*).

12. — Cette matière touche de près à l'art. 22 relatif aux ouvrages imprévus, et il faut quelquefois une certaine attention pour discerner lequel de ces deux articles doit être appliqué. Ainsi, les entrepreneurs qui veulent éluder l'art. 11 s'efforcent de présenter l'omission dont ils se plaignent dans les prix de leur marché comme un de ces ouvrages imprévus pour lesquels l'art. 22 autorise le règlement de nouveau prix. Mais il est arrivé aussi que l'administration a voulu faire rentrer sous l'application de l'art. 11 des réclamations qui devaient être véritablement régies par l'art. 22. Le Conseil d'Etat a repoussé cette prétention dans plusieurs espèces : —Dans un cas où un ensablement de rivière ne permettant plus le débarquement des matériaux à la distance indiquée par le devis, l'entrepreneur réclamait un supplément de prix pour augmentation dans les distances parcourues ; ce supplément lui a été accordé (16 juillet 1846, *Bidois*) ; — dans un autre cas où, par suite de l'état de la côte de la mer, un nouveau mode de débarquement plus onéreux avait dû être substitué à celui qui avait été prévu au devis (30 juillet 1846, *Troye*) ;—dans une autre affaire où, par une réunion de circonstances indépendantes de toute faute ou négligence de leur part, les entrepreneurs avaient été contraints de substituer au transport par bateaux de la chaux hydraulique prévu par le devis un autre mode de transport plus onéreux (10 septembre 1855, *Troye* et *Danjou*). Nous en verrons encore un exemple remarquable sous l'art. 22 (8 févr. 1855, *Anssart Manem*).

ART. **12**. — Les matériaux proviendront des lieux indiqués au devis : il seront de la meilleure qualité, parfaitement travaillés et mis en œuvre conformément aux règles de l'art. On ne pourra les employer qu'après qu'ils auront été visités par l'ingénieur. En cas de surprise, de mauvaise qualité ou de malfaçon, ils seront rebutés et remplacés aux frais de l'entrepreneur. Toutefois, si l'entrepreneur conteste les faits, l'ingénieur dressera immédiatement procès-verbal des circonstances de cette contestation. L'entrepreneur pourra consigner à la suite du procès-verbal, qui devra lui être communiqué, les observations qu'il se croira en droit de présenter. Il sera statué ensuite par l'administration ce qu'il appartiendra.

Art. **13**. — Lorsque les ingénieurs présumeront qu'il existe dans les ouvrages des vices d'exécution, ils ordonneront, soit en cours d'exécution, soit avant la réception finale, la démolition et la reconstruction des ouvrages présumés vicieux.

Les dépenses résultant de cette vérification seront à la charge de l'adjudicataire, lorsque les vices de construction auront été constatés et reconnus.

En cas de contestation de l'entrepreneur sur les vices d'exécution, il sera procédé comme il a été dit ci-dessus, art. 12.

Art. **14**. — En général, tous les matériaux auront les dimensions prescrites par le devis. Si l'entrepreneur leur donne des dimensions plus fortes, il ne pourra réclamer aucune augmentation de prix. Les métrages et les pesées seront basés sur les dimensions du devis ; et, néanmoins, les pièces qui seraient jugées nuisibles ou difformes seraient enlevées et remplacées aux frais de l'entrepreneur.

Dans le cas de dimensions plus faibles, les prix seront réduits en proportion, et néanmoins les pièces dont l'emploi serait reconnu contraire au goût et à la solidité seraient également enlevées et remplacées aux frais de l'entrepreneur.

Dans tous les cas, l'entrepreneur ne pourra employer aucune pièce ni aucune matière qui ne serait pas des dimensions ou du poids prescrits par le devis, sans l'autorisation écrite de l'ingénieur.

ART. 15.—Il pourra être accordé des à-compte sur les prix des matériaux approvisionnés jusqu'à concurrence des 4/5 de leur valeur. On ne regardera comme approvisionnés que les matériaux déposés sur l'atelier, et dès ce moment l'entrepreneur ne pourra les détourner pour un autre service sans une autorisation par écrit.

ART. 16. — Si, aux termes du devis, l'entrepreneur est tenu de démolir d'anciens ouvrages, les matériaux seront déplacés avec attention pour pouvoir être réparés et remis en place, s'il y a lieu, avec les mêmes précautions que les matériaux neufs. Dans le cas où les démolitions n'auraient pas été prévues, il en sera tenu compte à l'entrepreneur dans les formes prescrites ci-après (art. 22).

ART. 17. Toutes les fois que, par des motifs

d'économie ou de célérité, on croira devoir employer des matières neuves ou de démolitions appartenant à l'État, l'entrepreneur ne sera payé que des frais de main-d'œuvre et d'emploi, sans pouvoir répéter de dommages pour manque de gain sur les fournitures supprimées.

Art. **18.** — L'entrepreneur aura soin de ne choisir pour commis, maîtres et chefs d'ateliers, que des gens probes, intelligents, capables de l'aider et même de le remplacer au besoin dans la conduite et le métrage des travaux.

Il choisira également les ouvriers les plus habiles et les plus expérimentés, et néanmoins il demeurera responsable en son propre et privé nom, comme en celui de la caution, des fraudes ou malfaçons que ses agents pourront commettre sur les fournitures, la qualité et l'emploi des matériaux, sous les peines indiquées à l'art. 12.

—Les employés de l'entrepreneur, quelque intelligents qu'ils soient, quelque capables qu'ils aient été de le remplacer *dans la conduite et le métrage des travaux*, ne doivent pas cependant être présumés agir pour lui et en son nom en toutes circonstances. Lorsqu'il s'agit d'actes importants et qui peuvent devenir compromettants pour les intérêts de l'entrepreneur, il faudra la preuve d'un mandat formel par lui donné à l'employé pour qu'il puisse être responsable du fait de celui-ci. C'est ainsi qu'il a été jugé très-justement qu'un employé de l'entrepreneur, qui avait signé au nom de celui-ci des états de situation, ne devait pas être présumé avoir eu les pouvoirs nécessaires, si l'entrepreneur le niait (30 juin 1842, *Beslay*).

ART. **19.** — L'ingénieur aura le droit d'exiger le changement ou le renvoi des agents et ouvriers de l'entrepreneur pour cause d'insubordination, d'incapacité, ou de défaut de probité.

ART. **20.** — Le nombre des ouvriers, de quelque espèce qu'ils soient, sera toujours proportionné à la quantité d'ouvrages à faire ; et pour mettre l'ingénieur à même d'assurer l'accomplissement de cette condition et de reconnaître les individus, il lui en sera remis périodiquement, et aux époques qu'il aura fixées, une liste nominative.

ART. **21.** — Lorsqu'un ouvrage languira faute de matériaux, ouvriers, etc., de manière à faire craindre qu'il ne soit pas achevé aux époques prescrites, ou que les fonds crédités ne puissent pas être consommés dans l'année, le préfet, dans un arrêté qu'il notifiera à l'entrepreneur, ordonnera l'établissement d'une régie aux frais dudit entrepreneur, si à une époque fixée il n'a pas satisfait aux dispositions qui lui seront prescrites.

A l'expiration du délai, si l'entrepreneur n'a pas satisfait à ces dispositions, la régie sera organisée immédiatement et sans autre formalité. Il en sera aussitôt rendu compte au directeur général qui, selon les circonstances de l'affaire, pourra ordonner la continuation de la régie ou prononcer la résiliation du marché et ordonner une nouvelle adjudication sur folle enchère.

Dans ces divers cas, les excédants de prix et de dépenses seront prélevés sur les sommes qui pourront être dues à l'entrepreneur, sans préjudice des droits à exercer contre lui et sa caution, en cas d'insuffisance.

Si la régie ou l'adjudication sur folle enchère amenait au contraire une diminution dans les prix et frais des ouvrages, l'entrepreneur ou sa caution ne pourra réclamer aucune part de ce bénéfice qui restera acquis à l'administration.

1. — Cet article prévoit le cas d'inexécution ou d'exécution insuffisante par l'entrepreneur du marché qu'il a souscrit envers l'administration, et s'occupe des diverses mesures que celle-ci se réserve alors de prendre contre lui.

En thèse générale et suivant le droit commun, l'inexécution de l'obligation donne lieu à la résiliation de la convention, avec dommages-intérêts pour le créancier. Mais le créancier peut aussi être autorisé à faire exécuter lui-même l'obligation aux dépens du débiteur (article 1144, Cod. Napol.). La régie, en matière de travaux publics, est une application de ce dernier principe. Mettre les travaux d'un entrepreneur en régie, c'est substituer à sa place un gérant qui est l'homme de l'administration, et qui poursuit l'exécution pour le compte et aux frais de l'entrepreneur jusqu'à ce que le marché soit ou résolu ou complétement terminé, alternative qui reste aux choix de l'administration. C'est une mesure transitoire, moins radicale que la réadjudication à folle enchère, et qui permet d'ailleurs à l'entrepreneur de bonne volonté de s'en faire relever, s'il justifie des moyens nécessaires. Cependant, telle qu'elle est, cette mesure est ordinairement fort préjudiciable aux intérêts des entrepreneurs qui la subissent. Aussi est-il nécessaire d'y suivre certaines formes et de ne procéder que par gradation.

2. — Pour qu'un entrepreneur puisse être mis en régie, il faut, d'abord et avant tout, qu'il soit constaté par un procès-verbal régulier, ou un rapport motivé, que les conditions de l'adjudication n'ont pas été remplies. Sur le vu de ce procès-verbal, le préfet prend un arrêté qu'il fait notifier à l'entrepreneur, et dans lequel il le met en demeure de satisfaire dans un certain délai aux prescriptions du devis ou aux ordres des ingénieurs, faute de quoi il sera établi une régie à ses frais. Après l'expiration de ce délai qui doit être suffisant pour que l'entrepreneur puisse sérieusement en profiter, s'il le veut, la régie se trouve établie de plein droit. Mais il reste encore à l'organiser régulièrement; il faut pour cela : 1° qu'il soit immédiatement dressé un inventaire des équipages, outils, ustensiles, etc., de l'entrepreneur, et un état de situation des travaux, approvisionnements et dépenses exécutés par lui, lesquels inventaire et état de situation doivent être soumis à sa signature ou porter la constatation de son refus; 2° qu'il en soit référé à M. le directeur général des ponts et chaussées, ou au moins au préfet, et qu'un arrêté intervienne qui détermine les conditions de la régie, nomme le régisseur et assure le bon ordre de sa comptabilité dans le double intérêt de l'administration et de l'entrepreneur.

Ces formes et précautions ont été indiquées par l'administration elle-même qui les a fait consigner en 1817 dans le rapport d'une commission spéciale ayant pour organe M. l'inspecteur général Bruyère; et la jurisprudence du Conseil d'État en maintient l'observation avec une juste sollicitude pour les droits des entrepreneurs.

5. — La régie une fois régulièrement établie, reste-t-il à l'entrepreneur des voies de recours contre cette mesure, et quelles voies? Il y a ici une distinction importante à faire. L'administration seule étant à même de juger jusqu'à quel point les ressources de l'entrepreneur sont ou non suffisantes, jusqu'à quel point l'exécution du marché se trouve entravée, il n'appartient qu'à

elle de décider de l'opportunité d'une mise en régie. C'est là ce qu'on appelle une mesure purement administrative. La juridiction contentieuse ne pourrait en discuter la convenance ou les motifs sans s'immiscer dans des considérations tout à fait en dehors de ses attributions. Il est donc de principe que le conseil de préfecture ne peut ni prononcer, ni annuler, ni faire cesser une régie.

Mais, si la juridiction contentieuse est incompétente pour connaître des motifs et de l'opportunité de la mise en régie, il en est tout autrement lorsqu'il s'agit de discuter, non plus la mesure en elle-même, mais ses conséquences au regard de l'entrepreneur. Ainsi, l'entrepreneur est admis à soutenir devant le conseil de préfecture qu'il ne se trouvait pas dans un des cas prévus pour la mise en régie, que ce n'était point par son fait que les travaux languissaient, etc.; il peut dire encore que les formes nécessaires n'ont pas été observées à son égard, et demander, par suite, non pas que la mesure soit rapportée, mais que ses conséquences ne retombent pas à sa charge. On rentre là, en effet, dans l'une des principales attributions des conseils de préfecture, à savoir, la connaissance des difficultés qui s'élèvent sur le sens et l'exécution des marchés de travaux publics.

Cette distinction entre les attributions respectives de l'administration et de la juridiction contentieuse, en cette matière, est consacrée par de nombreux arrêts (22 février 1821, *Dubournial;*—19 juillet 1833, *Dubost;*—29 mars 1855, *Gaté*, etc.).

4. — Lorsque la régie a été établie irrégulièrement ou sans droit, les conséquences onéreuses en sont mises à la charge de l'administration ; ainsi jugé dans des cas où la régie avait été organisée sans mise en demeure préalable adressée à l'entrepreneur ni fixation de délai (15 décembre 1846, *Pluvinet ;*—6 juin 1844, *Lesellier*).

Même décision, alors que l'arrêté de mise en régie n'avait pas été notifié à l'entrepreneur (2 juin 1837, *Hayet ;*—25 mai 1841, *Roger-Berdoly*), ou alors que la régie avait été prononcée avant l'expiration du délai accordé à l'entrepreneur (12 août 1848, *Nobilet*). Et dans l'une de ces espèces (2 juin 1837, *Hayet*), il a été jugé en outre que l'entrepreneur devait être indemnisé, non seulement du préjudice qu'il avait éprouvé, mais *encore du gain qu'il avait manqué de faire*.

5. L'administration a élevé la prétention de soumettre l'indemnité à accorder en pareil cas à la limite *maximum* du *cinquantième* du montant des travaux restant à exécuter prescrite par l'art. 40 (Voy. ci-après), en matière de résiliation ; mais le Conseil d'État n'a pas accueilli ce système (arrêt du 24 janvier 1856, *Aubert*). Toute latitude est donc laissée à la juridiction contentieuse pour apprécier et fixer le chiffre du dommage causé par une régie mal fondée ; et il n'en saurait être autrement du moment qu'il n'y a aucun texte qui, en cette matière, restreigne, comme en matière de résiliation, le droit du juge.

6. — Les opérations de la régie se faisant aux

frais et pour le compte de l'entrepreneur, il en résulte : 1° que celui-ci a le droit, pendant l'exécution, d'obtenir communication de toutes les pièces comptables, sans que, bien entendu, il puisse entraver la marche des travaux ; 2° qu'il a le droit également, après l'exécution, de réclamer un compte de *clerc à maître* de toutes les dépenses de la régie (arrêt du 14 février 1834, *Vourgère* et *Raquin*). Mais c'est là un droit personnel à l'entrepreneur, ses créanciers n'auraient pas qualité pour réclamer cette communication ni ce compte (même arrêt, *Raquin*).

7. — D'après le 2° § de l'art. 21, l'administration supérieure peut, suivant les circonstances, ordonner soit la continuation de la régie, soit une résiliation immédiate avec réadjudication à la folle enchère de l'entrepreneur. Ordinairement, lorsque les travaux sont assez avancés, l'administration se contente de les faire achever en régie, sans recourir à la réadjudication à la folle enchère. Il arrive quelquefois aussi que, par esprit de bienveillance, elle consent à résilier purement et simplement le marché et à réadjuger l'entreprise pour son propre compte. Mais enfin la résiliation avec réadjudication à *la folle enchère*, c'est-à-dire aux risques et périls de l'entrepreneur, est dans son droit rigoureux. En pareil cas, si la réadjudication s'opère à des prix supérieurs à ceux de la première (et c'est ce qui arrive le plus souvent), la différence se recouvre au profit de l'État, d'abord sur le cautionnement du

premier entrepreneur, ensuite sur les sommes qui peuvent lui être dues pour les travaux déjà exécutés, enfin, en cas d'insuffisance de ces ressources, par les voies de poursuite ordinaires tant contre lui que contre sa caution.

Il a été jugé, le 15 juin 1841 (*Bau*), qu'en conséquence des dispositions de l'art. 21, l'administration pouvait, après avoir mis l'entrepreneur en demeure, faire procéder immédiatement non pas à la mise en régie, mais à la réadjudication à folle enchère. C'est l'application pure et simple des principes généraux, puisque, ainsi que nous le rappellions en commençant, tout contrat se résout par la non-exécution de la part de l'une des parties. Cependant c'est là un droit rigoureux que l'administration n'exerce que dans des cas exceptionnels.

8. — On a vu que l'art. 21 avait été reconnu incomplet, sous le rapport des garanties à donner à l'entrepreneur, par l'administration elle-même, et qu'elle y avait suppléé par une instruction datant de 1817 dont nous avons fait connaître les dispositions. Le nouveau cahier du ministère d'État s'est approprié ces dispositions protectrices des intérêts privés : il dit, en outre, que l'entrepreneur pourra être relevé de la régie une fois prononcée contre lui, s'il justifie des moyens nécessaires.

ART. 22. — Lorsqu'il sera jugé nécessaire d'exécuter des parties d'ouvrages non prévues par le devis, les prix en seront réglés d'après ceux de l'adjudication par assimilation aux ouvrages les plus analogues. Dans le cas d'une impossibilité absolue d'assimilation, les prix seront réglés sur estimation contradictoire en prenant pour terme de comparaison les prix courants du pays.

Lorsque ces travaux devront être de quelque importance, il en sera fait un avant-métré que l'entrepreneur acceptera, tant pour les prix proposés que pour l'indication des ouvrages, par une soumission particulière qui sera présentée à l'approbation de l'administration.

1. — Jusqu'ici on n'avait encore parlé que de changements aux ouvrages prévus par le projet ; on s'occupe maintenant des ouvrages *imprévus*, et l'on distingue deux cas : si la partie imprévue est peu considérable relativement à la masse totale des travaux, l'entrepreneur est obligé d'exécuter en faisant régler les prix conformément au 1er § de notre article. Mais, si les ouvrages imprévus sont de quelque importance, ils donnent lieu à un nouveau contrat que l'entrepreneur est libre de souscrire ou de refuser. Il faudra en conséquence une nouvelle soumission, et une nouvelle approbation de l'administration. Quelques dérogations que l'on ait apportées en cette matière aux principes du droit commun, il fallait bien admettre qu'un marché contracté par l'entrepreneur en vue de certains ouvrages déterminés ne pouvait être étendu, sans son consente-

ment, à d'autres ouvrages tous différents qui venaient, sinon détruire, au moins modifier profondément les bases du contrat primitif.

2. — Il y a souvent difficulté entre les ingénieurs et l'entrepreneur sur le point de savoir si les travaux à l'occasion desquels celui-ci réclame sont ou non prévus, les premiers combattant la réclamation comme un moyen détourné d'échapper à l'art. 11 (V. plus haut). Il s'agit, en pareil cas, de reconnaître si effectivement les travaux litigieux sont susceptibles de rentrer dans les éléments de composition des prix du marché tels que le rédacteur du projet les avait conçus; ou si, au contraire, la bonne foi démontre que ces travaux ont réellement été en dehors de toutes ses prévisions, et qu'aucun prix du marché ne peut les comprendre dans ses éléments naturels.

Cette question d'appréciation a été résolue à l'avantage des entrepreneurs dans deux espèces remarquables.

Dans la première, il résultait de la déclaration même de l'ingénieur, auteur du projet, que le prix des déblais de rocher porté au sous-détail avait été composé par lui d'après des expériences faites exclusivement sur *du grès*. Or, les déblais que l'entrepreneur avait rencontrés étaient du *roc calcaire*, et il demandait un nouveau prix pour cette nature de rocher beaucoup plus difficile que l'autre. Le Conseil d'État a vu là effectivement un travail imprévu, et il a alloué un prix nouveau (9 juin 1849, *Grass*).

Dans une seconde espèce, le devis annonçait
« *que des sondes ouvertes à l'avance sur toute*
« *la longueur de la partie à adjuger mettaient*
« *l'entrepreneur à même d'apprécier la nature*
« *des couches à déblayer sous le rapport des*
« *mains-d'œuvre, de fouille et de charge.* » Ces
sondes *ouvertes à l'avance* avaient révélé des
déblais de terre mélangés de rocher tendre, et
l'entrepreneur s'était rendu adjudicataire sur
la foi de cet état de choses. Mais les sondages
annoncés par le devis avaient été faits à la hâte,
incomplétement et sur un piquetage provisoire,
et il arriva que l'exécution rencontra, non plus
des déblais de terre et de rocher, mais du rocher
pur d'une grande dureté et d'une extraction très-
difficile. L'entrepreneur, induit dans des pertes
considérables, réclama devant le conseil de préfecture. Les ingénieurs ne manquèrent point de
lui opposer, et l'art. 11 des clauses et conditions
générales, et la disposition du devis précitée,
disant que cette disposition constituait un for-
fait qu'il avait accepté à ses risques et périls. Le
conseil de préfecture jugea en ce sens. Mais, en
appel, et devant le Conseil d'État, l'affaire chan-
gea bientôt de face ; l'entrepreneur demanda et
obtint qu'il fût procédé à des expertises et en-
quêtes minutieuses dont le résultat fut d'établir :
1° que l'exécution avait porté tantôt sur des points
en dehors de la ligne des sondages annoncés au
devis, tantôt dans des couches bien inférieures à
celles où s'étaient arrêtés ces sondages ; 2° que
les déblais exécutés dans ces conditions anorma

les différaient totalement de ceux révélés par les sondages des ingénieurs. En présence de ces constatations, le Conseil d'État, « considérant « que la position irrégulière de certaines sondes « et les données inexactes résultant de ce que « tous les sondages avaient été arrêtés à plusieurs « mètres au-dessus du niveau de la voie *avaient* « *induit l'entrepreneur en erreur sur la véritable* « *nature des travaux à exécuter*, » vit dans les déblais exécutés de véritables travaux imprévus, et alloua à l'entrepreneur une indemnité de 148,000 fr. qui, avec les intérêts accordés du jour de la demande, porta la somme recouvrée par l'entrepreneur à 177,000 fr. (8 février 1855, *Anssart Manem*). Cet important résultat, obtenu sur nos mémoires et plaidoiries, est un de ceux qui font le plus honneur à la justice et à l'impartialité du Conseil.

Dans une autre affaire, le devis indiquait, comme nature de terrains à extraire, du sable, de la vase et quelques parties d'*argile :* l'entrepreneur justifiait qu'il avait rencontré une couche continue de *tuf* de 2 à 3 mètres de profondeur, il réclamait un nouveau prix par application de l'art. 22 des clauses et conditions générales. Il a été fait droit également par le Conseil d'Etat à sa réclamation (24 janv. 1856, *Bonnefons*).

5. — L'entrepreneur doit avoir grand soin de faire constater, en cours d'exécution, les ouvrages imprévus pour lesquels il veut réclamer, au moins dans le cas où ces ouvrages ne pourraient plus

être constatés ultérieurement : car, s'il n'était plus possible, au moment où il réclame, de les reconnaître, sa requête serait nécessairement rejetée. — C'est ce qui est arrivé : 1° dans une espèce où il s'agissait de difficultés que l'entrepreneur prétendait avoir éprouvées, par le fait de l'administration, dans le transport de matériaux qui auraient été soumis à un double chargement et déchargement : — le Conseil a rejeté la réclamation par le motif qu'elle était présentée à une époque où il n'était plus possible de constater, soit la réalité, soit les causes, soit le montant du dommage allégué (30 juin 1842, *Beslay*) ;

2° Dans une autre espèce où l'entrepreneur réclamait un prix supplémentaire comme ayant été obligé d'exploiter d'autres carrières que celles prévues au devis, et où il ne justifiait pas qu'il eût fait constater l'insuffisance de ces dernières par les ingénieurs, ou que, sur leur refus, il se fût adressé au conseil de préfecture (8 juin 1850, *Bernard*).

4. — Pour la fixation des nouveaux prix, l'entrepreneur n'est fondé à demander l'estimation contradictoire qu'en cas d'impossibilité absolue d'assimilation avec les ouvrages les plus analogues du devis (26 août 1846, *Pierron* et *Mangini*).

5. — Dans le nouveau cahier de charges du ministère d'État, l'entrepreneur est libre de refuser, pour *tous* les travaux imprévus (et non pas seulement pour *ceux de quelque importance*), les prix qui lui sont proposés. Dans ce cas, l'administration fait exécuter elle-même au moyen de marchés spéciaux passés avec d'autres que l'entrepreneur, sans que celui-ci puisse alors prétendre à indemnité.

ART. **23**. — S'il y a lieu de faire des épuisements qui n'auraient pas été mis par le devis à la charge de l'entrepreneur, les dépenses y relatives seront constatées par attachement et sur des contrôles tenus sous la surveillance de l'ingénieur. Elles seront acquittées régulièrement par l'entrepreneur à la fin de chaque semaine aux conditions portées en l'article suivant.

ART. **24**. — Tous les paiements pour épuisements, ouvrages par attachements, indemnités et autres articles imputés sur la somme à valoir, seront remboursés à l'entrepreneur avec un quarantième en sus pour le dédommager de ses avances de fonds. A cet effet, il sera tenu de payer à vue, en présence d'un employé désigné par l'ingénieur, les rôles ou états qui seront dressés pour le compte des travaux, et de les faire quittancer par les parties prenantes, avant de pouvoir en demander le remboursement.

Deux quarantièmes lui seront en outre alloués pour ceux desdits articles qui nécessiteront de sa part des outils, soins, frais de conduite des travaux, fournitures et entretien de machines.

ART. **25**. — Sont exceptés des dispositions

ci-dessus, les paiements qu'on pourrait être obligé de faire par l'intermédiaire de l'entrepreneur, mais qui n'exigeraient réellement de sa part aucune avance de fonds, et pour lesquels conséquemment il ne sera alloué aucune rétribution.

1. — La *constatation* dont parle l'art. 23 est de rigueur. Un entrepreneur réclamait un supplément de prix pour travaux et dépenses extraordinaires d'épuisement et de déblais non prévus au devis, mais sans produire d'attachement. Sa demande a été rejetée parce que, en admettant qu'il eût dû effectivement procéder à des épuisements et faire des travaux extraordinaires pour les fondations des murs, il n'avait pas rempli les formalités exigées par l'art. 23 (24 juill. 1848, *Prévost*).

2. — L'entrepreneur qui a fait des avances conformément à l'art. 24 n'a droit à d'autre dédommagement qu'au quarantième dont il est parlé audit article. — Il ne peut réclamer d'intérêts de la somme avancée à raison du temps écoulé entre l'avance et le remboursement (10 sept. 1855, *Troye* et *Danjou*).

Art. **26.** — Il ne sera alloué à l'entrepreneur aucune indemnité à raison des pertes, avaries ou dommages occasionnés par négligence, imprévoyance, défaut de moyens ou fausses manœuvres.

Ne sont pas compris toutefois dans la disposition précédente les cas de force majeure qui, dans le *délai de* 10 *jours au plus* après l'événement, auraient été signalés par l'entrepreneur : dans ces cas, néanmoins, il ne pourra être rien alloué qu'avec l'approbation de l'administration. Passé le délai de 10 jours, l'entrepreneur ne sera plus admis à réclamer.

1.—On entend par cas de force majeure ces accidents qu'il est impossible, avec toute la prudence humaine, de prévoir ou d'éviter. Ainsi, d'abord, les fléaux extraordinaires de la nature, tels qu'un incendie allumé par la foudre, la crue subite d'un fleuve, l'invasion d'une épidémie sur les chantiers, etc.; puis, en général, tous les obstacles impossibles à prévoir au moment de l'adjudication, et qui viennent ralentir les travaux ou les rendre plus difficiles qu'ils ne devaient l'être dans les conditions naturelles et normales du marché. — En cette matière, le point délicat est de distinguer, parmi les obstacles rencontrés, quels sont ceux qui sortent véritablement des chances naturellement encourues dans tout marché de ce genre.

2. — Les circonstances dont l'entrepreneur entend se prévaloir, comme d'un cas de force majeure, doivent être signalées dans le délai de dix jours après l'événement, délai fatal et de rigueur, passé lequel la réclamation serait frappée de déchéance. — L'art. 26 dit *signalées* et non *consta-*

tées; — dans une espèce récemment jugée par le Conseil d'Etat, les ingénieurs avaient soutenu que c'était la *constatation* du cas de force majeure que l'entrepreneur devait demander dans le délai de dix jours, et ils élevaient en conséquence contre la réclamation une fin de non-recevoir. Il s'agissait de tassements dans des remblais de chemins de fer, tassements qui avaient considérablement déprécié le matériel de l'entrepreneur. Mais le Conseil a décidé que celui-ci avait suffisamment satisfait aux prescriptions de l'art. 26 , en *signa-lant* par lettres aux ingénieurs ces tassements à mesure qu'ils s'étaient produits, et qu'il n'était pas nécessaire que dans le délai de dix jours il eût fait constater ces accidents (24 janv. 1856, *Briau* et *Pochet*).

5.—Le Conseil d'Etat a vu un cas de force majeure donnant ouverture à indemnité en faveur de l'entrepreneur dans l'interposition d'un chemin de fer exécuté depuis l'adjudication qui était venu séparer les carrières du siége des travaux, et rendre par conséquent les transports plus onéreux (8 déc. 1853, *Hémery*).

— Même décision dans une espèce où l'entrepreneur ayant à exécuter des travaux de dragage avait rencontré dans le fond à draguer des pieux et débris de fer que personne n'y avait soupçonnés, et qui avaient considérablement entravé les travaux et endommagé le matériel (22 fév. 1855, *Tessier*).

— Même décision dans un cas où une crue de

rivière avait occasionné des dégâts aux travaux, et bien que les ingénieurs objectassent que la cause principale de ces dégâts avait été l'obstacle apporté à l'écoulement des eaux par un bâtardeau que l'entrepreneur avait placé en amont du pont pour protéger les travaux (29 mai 1856, *Devaux*).

4. — Mais il a été jugé qu'il n'y avait pas force majeure dans le fait de pluies continuelles pendant une entreprise de fournitures de pierres pour l'empierrement d'une route, non plus que dans la rareté d'ouvriers produite par l'exécution voisine et simultanée de travaux publics plus importants, cette dernière circonstance pouvant seulement autoriser l'entrepreneur à demander la résiliation conformément à l'art. 39, § 1er (29 juin 1850, *Lévy*).

ART. 27. — L'entrepreneur, soit par lui-même, soit par ses commis, visitera les travaux aussi souvent que pourra le réclamer le bien du service. Il justifiera de ses visites et accompagnera les ingénieurs dans leurs tournées, toutes les fois qu'il en sera requis.

ART. 28. — Il surveillera, dans l'étendue de son entreprise, les propriétaires riverains et les cultivateurs qui se permettraient de labourer et de planter trop près des routes, canaux et autres propriétés publiques, ou qui détérioreraient les bornes, talus, fossés et plantations. Il avertira sur-le-champ les ingénieurs des contraventions qu'il apercevrait à cet égard, comme aussi de celles qui consisteraient en des dépôts de bois et de fumier ou autres encombrements quelconques, ainsi que des anticipations qui seraient faites sur le domaine de la voie publique.

ART. **29.** — L'ingénieur en chef fera tous les règlements nécessaires pour le bon ordre des travaux ou pour l'exécution des clauses du devis. Ces règlements seront visés par le préfet, lorsqu'il aura été reconnu par ce magistrat qu'ils n'imposent pas de nouvelles charges à l'entrepreneur pour lequel, dès lors, ils seront obligatoires.

ART. **30.** — S'il survient quelques difficultés entre l'ingénieur ordinaire et l'entrepreneur au sujet de l'application du prix ou des métrages, il en sera référé à l'ingénieur en chef qui appliquera les règles admises dans le service des ponts et chaussées.

Dans aucun cas, l'entrepreneur ne pourra invoquer en sa faveur les us et coutumes auxquels il est formellement dérogé par le présent article.

ART. **31.** — Toutes les dimensions d'ouvrages, tous les prix, salaires et dépenses, seront calculés d'après le système légal des poids et mesures.

Art. 52. — Les métrages généraux et partiels, les états d'attachements, les états de dépenses, les états de situation et les procès verbaux de réception, devront être communiqués à l'entrepreneur et acceptés par lui.

En cas de refus, il déduira par écrit ses motifs *dans les* 10 *jours* qui suivront la présentation desdites pièces, et dans ce cas seulement, il sera dressé procès-verbal de l'acte de présentation et des circonstances qui l'auront accompagné. Un plus long délai mettrait souvent dans l'impossibilité de rechercher et constater les causes d'erreur qui auraient pu donner lieu à quelques réclamations. En conséquence, il est expressément stipulé que l'entrepreneur ne sera jamais admis à élever de réclamations au sujet des pièces ci-dessus indiquées après le délai de 10 jours, et, que passé ce délai, lesdites pièces seront censées acceptées par lui, quand bien même il ne les aurait pas signées.

Le procès-verbal de présentation devra toujours être joint à l'appui des pièces qui n'auront pas été acceptées.

1. — Voici une disposition périlleuse pour les entrepreneurs, et qui demande de leur part beaucoup de vigilance et d'attention. Les déchéances

pour réclamations tardives, et surtout les déchéances pour réclamations insuffisamment motivées, remplissent le recueil des arrêts du Conseil. — Il arrive souvent aussi que les intéressés, se méprenant sur le véritable caractère des pièces qui leur sont soumises, perdent des droits qu'ils eussent sauvegardés s'ils avaient été mieux éclairés.

2. — Il ne suffit pas de protester d'une manière générale : il faut spécifier dans le délai voulu les motifs sur lesquels on fonde ses réclamations. — C'est là un premier principe consacré par la jurisprudence journalière du Conseil d'État. Ainsi, par exemple, il ne suffirait pas de dire, au bas d'un décompte, qu'on ne l'accepte pas parce qu'il est inexact ou incomplet, que tel chef ne comprend pas tout ce qui est dû à l'entrepreneur, etc. — Il faut entrer dans le détail et, comme le dit l'art. 32, *déduire ses motifs*, de telle sorte que, sur chaque chef de réclamation, l'administration puisse voir clairement de quoi il s'agit et soit mise à même de procéder aux vérifications et constatations nécessaires. — Du reste, l'indication sommaire des motifs suffit pour éviter la déchéance : leur développement peut se faire ensuite dans un mémoire ultérieur pour la rédaction duquel l'entrepreneur n'est plus assujetti à aucun délai.

5. — Un second principe également incontestable, en pareille matière, c'est que la déchéance pour cause de tardiveté s'applique à toutes réclamations indistinctement qui sont relatives aux travaux de l'entreprise, à quelque période que ce soit de l'exécution.

— Ainsi, tout d'abord, elle s'applique aux décomptes *provisoires* ou partiels présentés en cours d'exécution, aussi bien qu'aux décomptes *définitifs* (31 mai 1851, *Roussel-Agnus*); — De sorte qu'un décompte général qui ne serait que la reproduction des divers décomptes partiels à l'égard desquels la déchéance aurait été encourue deviendrait lui-même irrévocable contre l'entrepreneur (12 mars 1846, *Cavelier*).—Réciproquement, c'est en vain que l'entrepreneur aurait fait des réserves sur les décomptes partiels, s'il avait accepté sans réclamation le décompte définitif (14 janvier 1839, *Hémery*).

— La déchéance s'applique aux réclamations qui portent sur le *prix* des ouvrages aussi bien qu'à celles qui portent sur les *quantités* (4 mai 1854, *Deroy*).

— Elle s'applique aux réclamations qui concernent la partie du décompte relative aux changements ordonnés en cours d'exécution, aussi bien qu'à celles qui concernent les travaux primitivement indiqués par le devis (22 août 1853, *Morizot*).

— Il a été jugé, même, que la déchéance s'appliquait aux réclamations qui ne s'attaquent pas au décompte lui-même, par exemple, à une réclamation d'indemnité à raison du préjudice causé par la résiliation de l'entreprise (24 mai 1854, *Juve*). Dans cette espèce, l'entrepreneur avait accepté sans réserve le décompte des travaux exécutés ; puis, quelque temps après, il avait présenté à l'administration une demande en indemnité motivée sur les pertes que lui avait fait éprouver la résiliation de son entreprise, prononcée d'ailleurs sans faute de sa part. — Le Conseil de préfecture avait accueilli cette demande ; mais, sur le pourvoi du ministre des travaux publics, sa décision a été annulée par le Conseil d'État, comme contraire aux prescriptions de l'art. 32. — Nous ne pouvons approuver la doctrine de cet arrêt : la fin de non-recevoir de l'art. 32, applicable sans doute à toutes les réclamations qui s'attaquent au décompte lui-même, ne doit plus l'être à celles qui ont leur cause et leur objet en dehors de ce décompte, qui en sont indépendantes, à l'égard desquelles, par conséquent, des réserves dans le décompte (que l'entrepreneur, dans l'espèce, tenait pour exact) n'auraient pas de raison d'être.

4. — Des observations *verbales* faites par l'entrepreneur devant les ingénieurs, lors même qu'elles seraient constatées plus tard par ceux-ci, au moment de la signature du décompte, ne peuvent le mettre à l'abri de la déchéance prononcée par l'art. 32 (10 janvier 1856, *Chanudet*). — On se prévalait, dans cette affaire, pour écarter l'application de cet article, de la jurisprudence que nous avons citée sous l'art. 7 et qui, en matière de changements en cours d'exécution, permet aux entrepreneurs de suppléer à l'ordre écrit par d'autres justifications, notamment par *l'ordre verbal reconnu par les ingénieurs*. — Mais il y a entre

les art. 7 et 32 une différence essentielle : c'est que le premier ne prononce aucune *déchéance* à raison de l'absence d'ordre écrit, ce qui permet d'admettre d'autres genres de preuves (arrêt du 10 janvier 1856, *Nepvauet*, cité sous l'art. 7), tandis que c'est formellement à peine de *déchéance* que l'art. 32 exige des entrepreneurs la déduction *par écrit*, dans les 10 jours, des motifs de leurs réclamations.

5. — Pour que l'administration soit fondée à invoquer la déchéance, elle doit justifier qu'elle s'est elle-même conformée au § 1er de l'art. 32, c'est-à-dire qu'elle a donné à l'entrepreneur une connaissance suffisante des pièces qu'il est appelé à contredire. Si, par suite d'une communication incomplète, l'entrepreneur n'avait pas été mis à même de vérifier sérieusement les décomptes, il aurait le droit de repousser l'application de l'art. 32 (30 juin 1842, *Beslay*).

6. — Le délai de 10 jours court du jour où l'entrepreneur a été mis en demeure de connaître les pièces, soit par la présentation même de ces pièces, soit par un avertissement d'en venir prendre communication. — Seulement, dans ce dernier cas, on conçoit la nécessité d'un accusé de réception de la lettre d'avis de la part de l'entrepreneur. — Dans une espèce jugée par le Conseil d'État le **7** février 1845 (*Colonna-Leca*), et où l'entrepreneur n'avait réclamé que 2 mois après avoir été mis en demeure par lettre dont il avait été tiré récépissé, le Conseil de préfecture de la

Corse avait repoussé la déchéance opposée par les ingénieurs, en disant que le délai ne pouvait courir qu'à partir de la communication effective des pièces. — M. le ministre des travaux publics s'étant pourvu contre cette décision, faisait remarquer que l'administration ne pouvait faire autre chose que d'inviter par lettre l'entrepreneur à venir prendre communication dans les bureaux des pièces qui y étaient déposées ; qu'en effet, ces pièces ne devaient, sous aucun prétexte, être déplacées ni communiquées à domicile ; que, d'un autre côté, l'administration n'était nullement tenue d'en délivrer des expéditions ou copies, puisque l'art. 33 des clauses et conditions générales dispose que, si l'entrepreneur désire des expéditions des pièces communiquées, il sera autorisé à les faire transcrire par ses propres commis dans les bureaux de l'administration. — Le Conseil d'État a sanctionné cette thèse, et jugé que le délai avait couru à partir de la lettre portant mise en demeure.

7. — L'acceptation sans réserve par un entrepreneur du décompte de son entreprise ne peut faire obstacle à ce qu'il réclame ultérieurement le paiement de travaux qui n'étaient pas compris dans ce décompte, parce qu'ils avaient été exécutés en dehors des prévisions du marché (5 janvier 1850, *Sandino ; —* 24 février 1853, *Cressonnier*). — C'est le principe que nous aurions voulu voir prévaloir dans l'affaire *Juve,* citée plus haut (n° 3).

8. — Il faut observer encore que la déchéance n'est pas applicable aux réclamations pour erreurs matérielles, faux ou doubles emplois, dans les décomptes ou autres pièces comptables. L'équité et le droit commun (art. 544, Cod. proc. civile) veulent qu'on puisse toujours réclamer contre de semblables erreurs : c'est là un principe qui ne reçoit nulle part d'exception, et qui a été consacré plusieurs fois par la jurisprudence du Conseil (17 janvier 1838, *Jacob* ; — 1ᵉʳ février 1851, *Moneron* ; — 26 juillet 1851, *Emery*).

9. — Il est bien entendu que la déchéance de l'art. 32 ne s'applique qu'aux réclamations à porter *devant l'administration*. — Lorsque, devant celle-ci, la réclamation a été formulée dans le délai prescrit, il n'y a plus ensuite aucun délai fatal pour saisir le Conseil de préfecture. — Le contraire avait cependant été jugé par un Conseil de préfecture : mais le Conseil d'État a fait justice de cette singulière décision en l'annulant (23 février 1854, *Aubry de Maraumont*).

De même, lorsque l'entrepreneur a saisi le conseil de préfecture de ses réclamations faites en temps utile contre les états de situation provisoire, si le décompte définitif lui est présenté avant que le Conseil ait statué, il n'a pas besoin de renouveler lesdites réclamations au bas de ce décompte dans le délai de dix jours (4 mai 1854, *Bertrand*). Dans cette affaire, l'entrepreneur, lorsque le décompte définitif lui avait été présenté, n'avait pas cru devoir y renouveler les réserves qu'il avait précédemment faites contre les états provisoires, réserves dont il avait saisi le Conseil de préfecture. Il s'était borné à dire, *quinze jours* après la présentation du décompte, qu'il s'en référait aux réclamations antérieures qu'il avait adressées à la juridiction compétente. Le Conseil de préfecture avait appliqué la déchéance, mais sa décision a été réformée par ce motif que, dans les circonstances données, le silence gardé par le sieur Bertrand ne pouvait être considéré comme l'abandon des réclamations antérieures qu'il avait formées et qui n'avaient pas encore été jugées.

10. — Nous devons faire remarquer, en terminant, que les décomptes dressés par l'ingénieur ordinaire, bien qu'acceptés par l'entrepreneur, ne deviennent définitifs qu'après l'approbation de l'ingénieur en chef et du ministre des travaux publics. Jusque-là l'administration est fondée à leur faire subir des retranchements ou modifications (12 janvier 1853, *Courrière;* 31 mai 1855, *Loustalot*).

11. — Le délai de dix jours accordé par l'art. 32 est bien court, et le temps manque souvent, dans les entreprises un peu importantes, pour prendre connaissance des pièces et préparer avec maturité les réponses. Le nouveau cahier du ministère d'Etat a tenu compte des plaintes qu'on avait élevées à ce sujet, et il a porté le délai à *vingt jours*.

ART. **33**. — Indépendamment de la communication des pièces énoncées dans l'article précédent, l'entrepreneur sera autorisé à s'en procurer des expéditions qu'il pourra faire transcrire par ses propres commis dans les bureaux de l'ingénieur en chef ou dans ceux de la préfecture.

ART. **34**. — Les paiements d'à-compte pour ouvrages faits s'effectueront en raison de l'avancement des travaux, en vertu des mandats du préfet expédiés sur les certificats de l'ingénieur en chef, d'après les états formés par l'ingénieur ordinaire, jusqu'à concurrence des 9/10 de la dépense, et déduction faite des à-compte qui auront pu être délivrés sur les approvisionnements avant leur emploi.

Les paiements ne pouvant être faits qu'au fur et à mesure des ordonnances et des fonds disponibles, il ne sera jamais alloué d'indemnité, sous aucune dénomination, pour retard de paiement pendant l'exécution des travaux.

Toutefois, si, les travaux étant définitivement reçus, l'entrepreneur ne pouvait pas être entièrement soldé à l'expiration du délai de garantie, il pourra prétendre à des intérêts pour cause de retard de paiement de la somme qui lui restera due à dater de cette époque.

1. — Les règles de comptabilité ont été un peu modifiées par le règlement du 28 septembre 1849

sur la comptabilité des divers services dépendant du ministère des travaux publics (V. à l'appendice). Aujourd'hui, les mandats de paiements concernant les dépenses du service des ponts et chaussées sont délivrés directement par l'ingénieur en chef (art. 7 dudit règlement).

2. — Dans les usages du service ordinaire, les situations sont arrêtées par les agents de l'administration au 25 de chaque mois, et l'entrepreneur reçoit un mandat pour solde de ce mois dans les premiers jours du mois suivant. Très-souvent aussi, dans les entreprises importantes, il reçoit en outre, vers le 20, un mandat d'à-compte sur le mois de travail suivant. .

Mais ce ne sont là que des usages qui n'engendrent aucun droit pour l'entrepreneur. Il a été jugé, à cet égard, que le défaut de paiement ne pouvait nullement autoriser la suspension des travaux (19 mars 1849, *Daussier.*) Il faut donc, dans les entreprises un peu considérables, que l'entrepreneur soit en état de faire des avances de fonds et d'attendre, sans dommage pour les travaux, les paiements de l'administration.

5. — Aucune époque déterminée pour les paiements, et jamais d'intérêts pour cause de retards dans ces paiements, telle est la règle absolue *pendant l'exécution des travaux.*

4. — Le droit aux intérêts ne s'ouvre pour l'entrepreneur que lorsque les travaux sont terminés et définitivement reçus. Tant qu'il ne justifie pas de cette réception définitive, il n'est même pas recevable à réclamer le solde définitif de l'entreprise (22 décembre 1853, *Lelong*).

5. — Mais, même après la réception définitive, le droit aux intérêts est encore soumis à bien des restrictions. Ainsi, le Conseil a jugé que ce droit n'existait que si les retards apportés au paiement des sommes restant dues provenaient *du fait de l'administration* (30 mars 1838, *Meunier*); — Que l'entrepreneur n'était pas fondé à réclamer d'intérêts, si les retards provenaient des difficultés inhérentes à la liquidation de l'entreprise (26 novembre 1839, *Thomas*).

6. — Il faut observer encore que dans le cas même où l'entrepreneur, non soldé à l'expiration du délai de garantie, est reconnu avoir droit à des intérêts, ces intérêts ne courent pas de plein droit de ladite époque, mais seulement du jour de la demande expresse qu'il en aura faite devant la juridiction contentieuse, conformément au principe général posé dans l'art. 1153 du Cod. Nap.; — Et si l'entrepreneur avait formé sa demande d'intérêts avant l'expiration du délai de garantie, c'est seulement à partir de cette dernière époque qu'ils devraient être alloués (10 août 1850, *héritiers Lance*; — 5 avril 1851, *Dagieu*; — 22 août 1853, *Morizot*; — 26 juillet 1855, *Rouvière*).

Jugé, en conséquence de cette dernière solution, que lorsqu'une indemnité est accordée à l'entrepreneur pendant l'exécution des travaux, les intérêts de cette indemnité ne peuvent lui être alloués qu'à partir de l'expiration du délai de garantie, et non du jour de la demande qu'il en aurait faite avant cette époque (20 janvier 1853, *Raoult*).

7.—L'art. 9, § 4, dispose que les entrepreneurs ne peuvent recevoir le montant de la retenue de garantie qu'après avoir justifié par des quittances en forme du paiement des indemnités à leur charge. Jugé, en conséquence de cette disposition, que les intérêts des sommes formant le montant de la retenue de garantie ne pouvaient pas remonter à une époque antérieure à celle où ils avaient produit les pièces justificatives de l'acquittement desdites indemnités (26 juillet 1855, *Rouvière*).

8. — Le même arrêt décide que l'entrepreneur, créancier d'une année et plus d'intérêts, a droit aux intérêts de ces intérêts à partir du jour où il les a judiciairement demandés, conformément à l'art. 1154 du Cod. Nap.

9. — Le § 2 de l'art. 34, disposant d'une manière absolue qu'il ne sera jamais alloué d'indemnité pour retard dans les paiements pendant l'exécution des travaux, juge qu'une suspension temporaire des travaux qui avait eu lieu par défaut de crédits, et qui ne présentait le caractère ni *de cessation absolue*, ni *d'ajournement indéfini*, ne pouvait donner lieu à aucune indemnité au profit de l'entrepreneur (14 juin 1855, *Dixmier ;* — 19 juillet 1855, *Bardinous*). Dans ces deux espèces, la suspension avait *duré plus d'un an !* — mais l'art 34 est formel, et il ne dépendait pas du Conseil d'en atténuer la rigueur.

— De même, lorsque, par suite de l'insuffisance des crédits alloués, l'administration décide qu'il ne sera exécuté dans le cours de l'année qu'une partie seulement des travaux d'abord indiqués, l'entrepreneur n'est nullement fondé à réclamer la résiliation de son marché (13 décembre 1855, *Viguier*).

10. — Le nouveau cahier du ministère d'État dispose (art. 47) que les paiements d'à-compte *s'effectueront tous les mois* en raison des travaux constatés, sauf retenue du dixième de garantie, et qu'il sera accordé des à-compte sur le prix des approvisionnements reçus jusqu'à concurrence des 4/5 de leur valeur.

ART. **35.** — Le dernier dixième ne sera payé à l'entrepreneur qu'après l'expiration du délai fixé pour la garantie des ouvrages, sauf les justifications préalables exigées par le quatrième paragraphe de l'art. 9.

Immédiatement après l'achèvement des travaux, il sera procédé à la réception provisoire, et la réception définitive n'aura lieu qu'après l'expiration du délai de garantie. — Pendant ce délai, l'entrepreneur demeurera responsable de ses ouvrages, et sera tenu de les entretenir.

Ce délai de garantie sera de trois mois après la réception pour les travaux d'entretien, de six mois pour les terrassements et les chaussées d'empierrement, d'un ou de deux ans pour les ouvrages d'art, selon les stipulations du devis.

ART. **57** (1). — Si le dixième des dépenses est jugé devoir excéder la proportion nécessaire pour la garantie de l'entreprise, il pourra être stipulé au devis que la retenue cessera de croître lorsqu'elle aura atteint un maximum déterminé.

ART. **58.** — Toutes les réceptions d'ouvrages seront faites par l'ingénieur en présence de l'entrepreneur, ou lui dûment appelé par écrit ; en cas d'absence, il en sera fait mention au procès-verbal.

— On sait que le droit commun (art. 1792 et 2270, Cod. Nap.) soumet les architectes et entrepreneurs à la responsabilité pendant *dix* ans des gros ouvrages qu'ils ont exécutés.

Le cahier des clauses et conditions générales a modifié ce délai, en raison de la nature des travaux qui sont ordinairement exécutés dans les ponts et chaussées ; il a établi : 3 mois pour les travaux de simple entretien, 6 mois pour les terrassements et chaussées d'empierrement, un ou 2 ans pour les ouvrages d'art. — Ce délai court du jour de la réception provisoire : pendant toute sa durée, l'entrepreneur reste tenu d'entretenir les ouvrages. — Dans le cas où le cahier des charges

---

(1) Nous commentons l'art. 56 avec les art. 59 et 40.

d'une entreprise, en fixant la durée des délais de garantie, n'aurait point déterminé le point de départ de ces délais, il y aurait lieu de décider, par application de l'art. 35, qu'ils doivent courir à partir de la réception provisoire des travaux (11 mai 1850, *Brun*).

Dans une espèce où le devis n'avait rien stipulé à l'égard du délai de garantie, le Conseil a encore décidé que ce délai devait être fixé à un an à partir de la signification du décompte définitif (22 août 1853, *Morizot*).

ART. 56. — Dans le cas où l'administration ordonnerait la *cessation absolue* ou *l'ajournement indéfini* des travaux adjugés, l'entrepreneur pourra requérir qu'il soit procédé de suite à la réception provisoire des ouvrages exécutés et à la réception définitive après l'expiration du délai de garantie. — Après la réception définitive, il sera, ainsi que sa caution, déchargé de toute garantie pour raison de son entreprise.

ART. 59. — Si, pendant le cours de l'entreprise, les prix subissaient *une augmentation notable*, le marché pourra être résilié sur la demande qui en serait faite par l'entrepreneur ; en cas de *diminution notable*, la résiliation du marché pourra être également prononcée, à moins que l'entrepreneur n'accepte les modifications qui lui seraient prescrites par l'administration.

—Et dans le cas où, pendant le cours de l'entreprise et sans changer les charges et les prix, il serait ordonné par l'administration d'augmenter ou de diminuer la masse des travaux, l'entrepreneur sera tenu d'exécuter les nouveaux ordres sans réclamation, à moins qu'il n'ait été autorisé à faire des approvisionnements de matériaux qui demeureraient sans emploi, et pourvu que les changements en plus ou en moins n'excèdent pas 1/6 du montant de l'entreprise, auquel cas il pourra demander la résiliation de son marché.

Art. **40.** — Dans le cas prévu par l'art. 36, et dans celui où, conformément à l'art. 39 et par suite d'une diminution notable dans le prix des ouvrages, l'administration aura prononcé la résiliation du marché, les outils et ustensiles indispensables à l'entreprise que l'entrepreneur ne voudra pas garder pour son compte seront acquis par l'Etat sur l'estimation qui en sera réglée de gré à gré ou à dire d'experts, d'après la valeur première desdits outils et ustensiles et déduction faite de leur degré d'usure ; le tout au taux du commerce et sans augmentation de dixième ou de toute autre plus-value sous prétexte de bénéfice présumé.

Les matériaux approvisionnés par ordre et déposés sur les travaux, s'ils sont de bonne qualité, seront également acquis par l'État au prix de l'adjudication.

Les matériaux qui ne seraient pas déposés sur les travaux resteront au compte de l'entrepreneur; — Mais, tant pour cet objet que pour toutes autres réclamations, il pourra lui être alloué une indemnité qui sera fixée par l'administration et qui, dans aucun cas, ne devra excéder le 50ᵉ du montant des dépenses restant à faire en vertu de l'adjudication.

1. — Le marché de travaux publics peut prendre fin de différentes manières : 1° par son accomplissement ou complète exécution, c'est la terminaison naturelle et normale; 2° par la mort de l'entrepreneur; 3° par son état de faillite déclaré; 4° enfin par la résiliation en cours d'exécution. — C'est de ce dernier cas seulement que s'occupe le cahier des clauses et conditions générales.

2. — Dans les prévisions de ce cahier, la résiliation en cours d'exécution peut se produire : 1° par la cessation absolue ou l'ajournement indéfini des travaux qu'ordonnera l'administration; 2° par suite de l'augmentation ou de la diminution notable des prix; 3° par suite de changements en plus ou en moins dans la masse des travaux qui excéderaient d'1/6 le montant de l'entreprise. — Ces divers cas se ramènent eux-mêmes à ceux-ci : — Résiliation produite par le fait et l'initiative de l'administration (c'est le cas prévu par l'art. 36 et par l'art. 39, § 2, *in fine*);—Résiliation produite par le fait ou la demande de l'entrepreneur lui-même.

—Nous allons voir que les conséquences de la résiliation varient suivant que l'on se trouve dans l'une ou l'autre situation.

§ 1er. — *Résiliation du fait de l'administration.*

3. — Il est dans le pouvoir discrétionnaire de l'administration de décider si une entreprise doit être abandonnée ou ajournée indéfiniment, et en général si elle est dans le cas d'être résiliée. — C'est là une grave dérogation au droit commun où il est de principe, sauf, bien entendu, le cas de faute ou d'infraction au contrat de la part de l'une des parties, que ce contrat ne peut être résolu qu'avec le concours de chacune d'elles. — Quoi qu'il en soit, il est admis par la jurisprudence que l'administration a le droit, en pareille matière, de ne consulter que ses convenances, et que l'entre-preneur, quelque trouble qu'apporte une telle mesure dans ses calculs et dans l'organisation de ses chantiers, ne peut prétendre la faire révoquer par la juridiction contentieuse. — Ici, comme en matière de régie, les Conseils de préfecture ne deviennent compétents que pour apprécier les conséquences de la mesure vis-à-vis de l'entrepreneur : ils ne le seraient pas pour l'entraver ou la modifier.

4. — Lorsque c'est l'administration qui provoque la rupture du contrat, soit en ordonnant la *cessation absolue* ou l'ajournement indéfini des travaux, soit en résiliant pour cause de *diminution notable* survenue dans les prix, c'est-à-dire sans qu'il y ait du fait ni de la faute de l'entrepreneur, elle doit évidemment une réparation à celui-ci pour le tort qu'elle lui cause. — Cette réparation consiste : 1° dans le rachat de tout le matériel que l'entrepreneur ne veut pas garder, rachat qui se fait de gré à gré ou à dire d'experts ; 2° dans la reprise, aux prix de l'adjudication, des matériaux *approvisionnés par ordre et déposés sur les travaux ;* 3° dans une indemnité qui ne peut, en aucun cas, excéder le cinquantième du montant des dépenses restant à faire.

5. — La question de savoir s'il y a *ajournement indéfini* des travaux, ou seulement *suspension temporaire*, est une question de fait du ressort des tribunaux administratifs. — Nous avons vu, sous l'art. 34, qu'une suspension qui avait duré plus d'un an, par suite d'un défaut de crédit, n'avait pas été considérée par le Conseil d'État comme ayant le caractère d'un ajournement indéfini, et qu'elle avait été jugée ne pouvoir donner lieu à aucune indemnité en faveur de l'entrepreneur (14 juin et 19 juillet 1855, *Dixmier ;* — *Bardinon*).

6. — Quant à la diminution *notable*, on peut regretter le vague de cette dernière expression qui laisse le champ libre à un grand arbitraire. — Mais c'est une circonstance trop rare pour qu'on ait à s'en préoccuper.

7. — Il a été jugé que l'acquisition par l'État

du matériel de l'entrepreneur ne pouvait devenir pour celui-ci l'occasion d'un bénéfice; qu'en conséquence, le prix de rachat d'une machine qui n'avait réellement coûté à l'entrepreneur que 120,000 fr., mais qui avait été estimée par les experts 149,000 fr., devait rester fixé à 120,000 fr. (22 juin 1854, *Abram*).

8. — Les matériaux qui ne sont pas *déposés sur les travaux* restent au compte de l'entrepreneur, quelles que soient les circonstances qui l'auraient empêché de les amener à pied d'œuvre (16 février 1850, *Mombrun.* — V. l'espèce ci-après au n° suivant). — Cependant, si l'entrepreneur avait été mis dans l'impossibilité de connaître au juste l'emplacement des travaux, et par conséquent d'y déposer ses matériaux, il aurait le droit de faire reprendre par l'administration tous les matériaux approvisionnés par ordre (2 mars 1839, *Piedvache*).—Dans cette espèce assez singulière, les travaux n'avaient pas été commencés, par suite des hésitations de l'administration, qui avait fini par en prononcer l'ajournement indéfini. L'emplacement projeté des travaux était un petit marais limité par des obstacles naturels et par des propriétés closes : une partie devait être convertie en canal, l'autre partie devait servir de chantier de dépôt, mais l'administration n'avait jamais décidé laquelle des deux parties serait convertie en canal. L'entrepreneur était donc resté lui-même dans une indécision forcée sur le lieu de dépôt des matériaux approvisionnés.

9. — Il va de soi que les matériaux ne sont repris par l'État qu'après réception par les ingénieurs; l'entrepreneur qui ne met pas les ingénieurs en demeure de procéder à cette réception, ne peut s'en prendre qu'à lui-même si, par suite des détériorations qu'ont éprouvées ces matériaux pendant les retards apportés à la réception, ils sont rebutés en définitive (2 juin 1837, *Hayet*).

10. — L'indemnité du cinquantième est évidemment insuffisante pour réparer le préjudice qui résulte, dans la plupart des cas, de la cessation inattendue des travaux. — C'est là une des dispositions qui réclament le plus vivement une révision. Le chiffre de l'indemnité à accorder devrait être laissé à l'appréciation de la juridiction contentieuse, à défaut d'accord entre l'entrepreneur et l'administration. Mais, en attendant, l'État jouit du bénéfice de l'art. 40, quelles que soient les circonstances favorables que puisse invoquer l'entrepreneur. — En voici deux exemples remarquables, où nous avons eu le regret de ne pouvoir faire triompher des réclamations pourtant bien dignes d'intérêt :

Dans une entreprise importante, et précisément au moment où l'administration, pressée d'en voir l'achèvement, avait imprimé aux travaux un développement et une activité extraordinaires, l'ordre arrive à l'entrepreneur de suspendre indéfiniment toute exécution ! Le crédit dont l'administration avait besoin pour ces travaux venait d'être refusé à M. le ministre des travaux publics par la

Chambre des députés (c'était sous le régime de la monarchie constitutionnelle). — On comprend quelle perturbation une mesure aussi imprévue jetait dans les intérêts de l'entrepreneur qui, à ce moment, était constitué dans des avances de fonds considérables. » — Un matériel et un personnel importants, récemment augmentés encore par suite des ordres pressants donnés par les ingénieurs, restant subitement sans emploi; les nombreux matériaux extraits n'ayant pu être déposés sur les chantiers, ni reçus, etc. — L'entreprise fut résiliée, et lorsqu'il s'agit de régler les conséquences de cette résiliation, l'administration se retrancha derrière l'art. 40, refusa de reprendre tous les matériaux non déposés à pied-d'œuvre, et offrit pour toute indemnité une somme de 5,737 fr. formant le cinquantième du montant des dépenses restant à faire ! — Dans son recours au Conseil d'Etat contre l'arrêté du conseil de préfecture qui avait sanctionné cette défense de l'administration, l'entrepreneur soutint que l'art. 40 ne pouvait s'appliquer qu'au cas où la résiliation était due à l'initiative de l'administration; qu'ici, la résiliation étant intervenue contre son propre gré, il y avait lieu de recourir au droit commun et d'appliquer l'art. 1794 du Code Nap. qui permet à l'entrepreneur de réclamer, en cas de rupture du marché, ses pertes dûment justifiées et les bénéfices qu'il aurait pu faire. — Nous invoquions à l'appui de cette thèse un arrêt du Conseil d'Etat du 21 juin 1833 (*Thomas*), duquel il résulte effectivement que lorsque la résiliation a été prononcée par l'administration *en dehors des cas prévus par les art.* 36 *et* 39, l'entrepreneur a droit au remboursement même de ses bénéfices présumés. Mais le Conseil a maintenu la cause sous l'empire des art. 36 et 40, et n'a pas cru pouvoir s'écarter de la lettre rigoureuse de ces articles (16 fév. 1850, *Mombrun*).

Dans la seconde espèce, la réclamation se présentait avec plus de faveur encore peut-être. — En novembre 1847, MM. Faugeron et consorts s'étaient rendus adjudicataires d'une section du chemin de fer de Tours à Nantes. L'adjudication ne fut approuvée qu'en mars 1848, et les travaux commencèrent immédiatement; mais bientôt les entrepreneurs furent *invités* par le préfet à recevoir sur leurs chantiers 400 ouvriers des ateliers nationaux qu'on voulait absolument éloigner de Paris. Après d'infructueux efforts pour discipliner et employer convenablement ces tristes auxiliaires, les entrepreneurs durent abandonner une tâche impossible. — L'entreprise fut arrêtée et la résiliation intervint. — Les sieurs Faugeron et consorts saisirent alors le Conseil de préfecture d'une demande en indemnité à raison du préjudice que leur causait cette résiliation prononcée par suite de faits exclusivement imputables à l'administration. — Le Conseil de préfecture fit droit à cette réclamation, écarta l'art. 40, et, évaluant d'après les éléments de l'instruction les bénéfices dont ils avaient été privés, leur alloua une somme principale de 34,904 fr.

L'administration se pourvut alors devant le

Conseil d'Etat, soutenant qu'il n'y avait lieu d'allouer que le cinquantième du montant des dépenses restant à faire.

Nous répondîmes pour les entrepreneurs que l'on se trouvait ici dans un cas tout à fait exceptionnel et certainement en dehors des prévisions des auteurs du cahier des clauses et conditions générales; qu'on ne pouvait donc faire autrement que de recourir, comme l'avait fait le conseil de préfecture, au droit commun et à l'art. 1794, pour arbitrer l'indemnité. — Mais, malgré l'appui que nous prêtait M. le commissaire du Gouvernement, le Conseil d'Etat a encore appliqué l'inflexible disposition de l'art. 40 et réformé l'arrêté du Conseil de préfecture en ce sens (23 nov. 1850, *Faugeron* et consorts). — Les entrepreneurs sont demeurés ainsi victimes d'un acte exclusivement politique dont les circonstances du moment démontraient cependant assez le caractère exceptionnel! — Malgré tout notre respect pour les décisions du Conseil, nous croyons qu'ici il y a véritablement eu de sa part fausse interprétation d'un texte qui devait rester étranger à la cause.

Il a été jugé, du reste, d'une manière générale, que l'indemnité du cinquantième ne s'appliquait nullement aux bénéfices présumés, mais seulement aux pertes matérielles (9 déc. 1852, *Ballereau*).

11.—Sous le régime du nouveau cahier adopté par le ministère d'Etat, des résultats aussi choquants que ceux dont nous venons de rendre compte ne pourront plus se produire. — La plus

importante amélioration que ce cahier ait intro-
duite dans l'intérêt de l'industrie privée est, sans
contredit, celle qui consiste, d'une part, à limiter
la durée maximum de l'ajournemeut des travaux
à *un an;* d'autre part, à stipuler en pareil cas en
faveur de l'entrepreneur le principe d'une indemnité *sans aucune limitation de chiffres,* en en lais-
sant la fixation, à défaut d'accord amiable, à la
juridiction contentieuse. Tous pouvoirs sont ainsi
rendus à cette juridiction pour arbitrer équitablement les pertes éprouvées. — C'est la réalisation
du vœu que nous formions au commencement du
numéro précédent. — L'innovation est capitale,
et il faut souhaiter qu'elle intervienne bientôt
pour les travaux des ponts et chaussées.

§ 2.— *Résiliation demandée par l'entrepreneur.*

12. —Lorsque la résiliation n'est pas prononcée par l'administration, de son propre mouve-
ment, mais qu'elle a été provoquée par la demande de l'entrepreneur, elle est censée interve-
nir alors dans son intérêt et à son profit. Aussi ne
lui accorde-t-on plus, ni la reprise de son matériel, ni aucune indemnité : il est présumé se trou-
ver assez dédommagé par la décharge de ses obligations et par la faculté qui lui est donnée de
se retirer immédiatement. — C'est ce qui arrive :
1° lorsque l'entrepreneur demande la résiliation
pour cause d'*augmentation notable* dans les prix
(art. 39, § 1ᵉʳ); 2° lorsqu'il la demande parce
que les changements en plus ou en moins qui lui

6.

sont imposés excèdent le sixième du montant de son entreprise (art. 39, § 2); 3° lorsqu'il la demande enfin pour faire cesser le préjudice que lui causerait l'insuffisance reconnue des prix du marché (espèce d'un arrêt du 20 avril 1854, *Preiré* et *Cochois*), ou touté autre circonstance regardée par lui comme trop onéreuse pour lui permettre de continuer l'exécution. — Dans tous ces cas, on le répète, la jurisprudence est constante : il n'y a lieu ni à reprise du matériel, ni à indemnité, cette double faveur n'étant accordée que lorsque c'est l'administration elle-même qui a provoqué la résiliation (arrêts du 7 juill. 1853, *Ducourneau;*—12 janv. 1854, *Serager;* —20 avr. 1854, *Preiré* et *Cochois;*—9 août 1855, *Bucquoy,* etc.).

15. — La question de savoir si un entrepreneur se trouve dans une circonstance telle qu'il ait le droit de demander sa résiliation, cette question, en cas de contestation, serait du ressort de la juridiction contentieuse; et il a été jugé plusieurs fois qu'en pareil cas un conseil de préfecture aurait tort de se déclarer incompétent pour renvoyer à l'administration elle-même (16 février 1835, *Franciel;*—20 juill. 1836, *Delamarre;*—15 sept. 1843, *Coppigneaux*).

14. — Que doit-on entendre par une augmentation *notable?* — Le cahier des clauses et conditions générales de 1811 voulait que l'augmentation fût le résultat d'une cause *majeure et imprévue.* La rédaction actuelle ne reproduit pas cette condition, mais l'esprit est resté le même. On n'admettra d'augmentation notable que celle qui se sera produite dans des circonstances en dehors des prévisions possibles de l'entrepreneur, et qui aura été assez persistante pour altérer véritablement les bases fondamentales du contrat. Tel serait, par exemple, le renchérissement dans le prix des salaires causé par une levée extraordinaire d'hommes en cas de guerre déclarée depuis l'adjudication. Telle serait encore, suivant ce qu'enseignent MM. Cotelle, t. 3, p. 78, et Dufour, t. 4, p. 360, dont nous adoptons l'opinion, l'augmentation résultant de la mise en adjudication de travaux nouveaux dans la même contrée. — Mais on a jugé qu'il n'y avait pas *augmentation notable* de nature à autoriser une demande en résiliation dans une espèce où les entrepreneurs se plaignaient 1º de ce que les propriétaires des carrières désignées pour les extractions avaient subitement et considérablement élevé leurs prix ; 2º de ce que le prix des pavés à fournir s'était trouvé augmenté par l'application d'un tarif d'octroi non prévu au sous-détail (15 déc. 1842, *Beraud* et *Perrichon*). — Même décision dans une autre espèce, où l'entrepreneur excipait d'un renchérissement survenu dans le prix des matériaux, par suite de l'exécution simultanée dans le département de divers ouvrages publics, mais que le Conseil n'a pas trouvé suffisant pour justifier la réclamation (28 déc. 1849, *Rambour*).

15. — L'augmentation notable doit être signalée par l'entrepreneur en cours d'exécution et il doit former sa demande en résiliation avant la ter-

minaison des travaux et le règlement des comptes:
il serait non recevable dans sa réclamation ulté-
rieure (8 juin 1850, *Bernard.*)

Jugé, par application du même principe de
l'acquiescement tacite, que le droit pour l'entrepreneur de demander sa résiliation, pour diminution de plus d'un sixième dans la masse des travaux, doit être exercé pendant l'exécution, et que
l'entrepreneur est non recevable, s'il réclame,
soit après avoir touché le solde de l'entreprise
(3 juillet 1852, *Delalande*), soit même après l'a-
chèvement des travaux (23 juin 1853, *Nougaret*).

16. — On a vu que, lorsque la résiliation était
prononcée sur la demande de l'entrepreneur, il
n'avait droit ni à la reprise du matériel ni à l'indemnité du cinquantième. Il est à peine besoin d'a-
jouter que si telle est la condition de l'entrepreneur
qui n'a rien à se reprocher, il en doit être ainsi, à
bien plus forte raison, à l'égard de l'entrepreneur
qui a donné lieu à la résiliation *par sa faute*, par
exemple pour infraction à l'art. 4 des clauses et
conditions générales (9 mars 1854, *Colvee*).

17. — Le nouveau cahier du ministère d'Etat a
fait disparaître l'arbitraire nécessairement attaché à l'interprétation du mot *notable*. Il a fixé à
un sixième la proportion au-dessus de laquelle
l'entreprise ne pourra être augmentée ou dimi-
nuée sans donner ouverture à résiliation.

Il a également prévu expressément deux cas
naturels de résiliation du marché qui avaient été

omis dans le cahier des ponts et chaussées, celui du *décès* de l'entrepreneur et celui de sa *faillite* déclarée. L'administration se réserve le droit d'accepter les offres de continuer les travaux qui lui seraient faites, soit par les héritiers, soit par les créanciers de l'entrepreneur.

Art. 41. — L'entrepreneur paiera comptant les frais relatifs à son adjudication, sur un état arrêté par le préfet. Ces frais ne pourront être autres que ceux d'affiches et de publications, ceux de timbre et d'expédition du *devis*, du *détail estimatif* et du procès-verbal d'adjudication, enfin le droit d'enregistrement fixé à 1 fr. par la loi du 7 germinal an 8, l'arrêté du 15 brumaire au 12, et le décret du 25 germinal an 13.

Art. 42. — Conformément aux dispositions du 2ᵉ § de l'art. 4 de la loi du 28 pluviôse an 8, toutes les difficultés qui pourraient s'élever entre les entrepreneurs de travaux publics et l'administration concernant le sens ou l'exécution des clauses de leur marché seront portées devant le Conseil de préfecture, qui statuera, sauf recours au Conseil d'État.

1. — L'art. 4 de la loi du 28 pluviôse an 8 est ainsi conçu :

« Le conseil de préfecture prononcera : ....
« sur les difficultés qui pourraient s'élever entre
« les entrepreneurs de travaux publics et l'admi-

« nistration concernant le sens ou l'exécution des
« clauses de leurs marchés;

« Sur les réclamations des particuliers qui se
« plaindront de torts et dommages procédant du
« fait personnel des entrepreneurs et non du fait
« de l'administration;

« Sur les demandes et contestations concernant
« les indemnités dues aux particuliers à raison
« des terrains pris ou fouillés pour la confection
« des chemins, canaux et autres ouvrages pu-
« blics. »

Les Conseils de préfecture sont, dans la juridiction administrative contentieuse, les tribunaux
de première instance ou de premier ressort; leurs
décisions ont toute la force et l'autorité des jugements rendus par les tribunaux ordinaires; mais,
sous le rapport des formes de procéder, les justiciables n'y jouissent pas des mêmes garanties
que devant ces derniers. La loi de pluviôse an 8
n'a tracé aucune règle de procédure, et cette lacune n'a encore été comblée par aucune autre
loi postérieure. Une fois sa requête déposée dans
les bureaux de la préfecture, la partie intéressée
reste le plus souvent étrangère à l'instruction de
l'affaire, et le jugement intervient à huis clos,
sans que cette partie soit admise, ni personne
pour elle, à discuter ses droits oralement devant
ses juges. C'est là une anomalie dans l'organisation de la justice administrative, anomalie qui
a été d'autant plus remarquée et critiquée, que
la juridiction supérieure et en dernier ressort du
Conseil d'Etat offre au contraire aux parties les

garanties les plus complètes quant à la procédure et quant au jugement. Quoi qu'il en soit, l'instruction écrite étant le seul mode de défense admis devant le Conseil de préfecture, les inté-- ressés devront s'attacher, avec le plus grand soin, à la rédaction de leurs mémoires et conclusions, car il est de principe qu'il ne peut être formé en appel aucune demande qui n'aurait pas été soumise d'abord aux juges du premier ressort.

2. — Les réclamations des entrepreneurs peuvent être, et sont le plus souvent, soumises d'abord à l'administration elle-même, c'est-à-dire à M. le ministre des travaux publics. C'est en suite, en cas de rejet par le ministre, qu'on saisit le conseil de préfecture. L'examen préliminaire de l'affaire par le ministre ne constitue pas, en effet, un acte de juridiction, mais un simple acte d'administration qui ne fait point obstacle à ce que l'entrepreneur saisisse le juge du premier degré compétent. C'est donc à tort que l'entrepreneur dont la réclamation aurait été rejetée par le ministre s'adresserait immédiatement au Conseil d'État pour lui déférer la décision ministérielle. Le Conseil refuserait de statuer et renverrait l'affaire à subir le premier degré de juridiction devant le Conseil de préfecture.

3. — Le Conseil d'État rejette également comme formés prématurément devant lui les recours contre les décisions de conseil de préfecture qui auraient été rendues *par défaut* à l'égard de la partie, c'est-à-dire sans que celle-ci ait fourni ses moyens de défense. En pareil cas, et suivant les principes du droit commun, c'est par voie *d'opposition* et devant le même Conseil de préfecture qu'il faut se pourvoir si l'on veut faire réformer la première décision. L'appel n'est recevable, en principe, que contre les décisions *contradictoires*.

4. — Aux termes du décret du 22 juillet 1806 qui règle le mode de procéder, au contentieux, devant le Conseil d'Etat (art. 11) : « Le recours « au Conseil contre la décision d'une autorité qui « y ressortit n'est pas recevable *après trois mois* « *du jour où cette décision aura été notifiée.* » La jurisprudence interprète ces derniers mots en ce sens que, dans tous les cas où il sera établi que les parties auront eu connaissance d'une manière quelconque de la décision attaquée, cette décision sera réputée leur avoir été notifiée, et le délai courra contre elles. Cette interprétation a été justement critiquée comme n'étant pas conforme au texte de la loi et comme pouvant donner lieu à des difficultés et à un arbitraire qu'il était sans doute dans le vœu du législateur d'éviter. En droit commun, qui dit *notification* dit acte extrajudiciaire touchant la partie intéressée par une signification directe à sa personne : c'est ainsi que, dans l'économie de nos lois de procédure, on entend toute signification qui doit faire courir un délai. En présence d'un acte de cette nature, il n'y a pas d'équivoque possible, et nul ne peut prétexter d'ignorance. Il n'y a rien, au

contraire, que de vague et d'arbitraire dans les circonstances d'où l'on induit la *connaissance acquise.*

Quoi qu'il en soit, la jurisprudence est telle, et le parti le plus sûr, pour éviter la fin de non-recevoir, sera de former le recours dans les trois mois du jour même où la décision aura été rendue.

5. — Le recours doit être formé par le ministère d'un avocat au Conseil d'État : aussitôt qu'il est déposé au greffe de la section du contentieux du Conseil, un rapporteur est nommé, et la communication du dossier au ministre des travaux publics, pour avoir son avis, est ordonnée par ce rapporteur. C'est la phase la plus longue de l'instruction. Le ministre, en effet, renvoie d'abord les pièces au préfet du département, celui-ci aux ingénieurs ; puis il faut que le dossier revienne, en suivant la même filière, à l'administration centrale qui, sur le vu des renseignements qui lui ont été transmis, formule un avis définitif. On s'est souvent plaint des lenteurs, des retards abusifs résultant, pour l'instruction des affaires contensieuses, de la négligence des fonctionnaires par les mains desquelles elles passent. L'administration supérieure paraît avoir reconnu elle-même la justesse de ces plaintes, car, dans une instruction en date du 27 juillet 1854, le ministre des travaux publics exprime le désir : « que tous les « fonctionnaires de son département multiplient « leurs efforts pour abréger les délais de l'exa-

« men, et contribuent ainsi à la célérité des solu-
« tions».—« La justice, dit parfaitement M. le mi-
« nistre, doit être active et prompte. Tout retard
« dans la décision d'une affaire est une espèce de
« déni de justice, dont l'administration doit, de
« toutes ses forces, éloigner la responsabilité. »
Il invite donc MM. les ingénieurs à ne garder les
dossiers dans leurs mains que le temps strictement
nécessaire pour éclairer les faits et préparer leurs
conclusions, et il ajoute, à ce propos, ces paroles
remarquables : « MM. les ingénieurs doivent se
« considérer moins comme les défenseurs d'une
« cause que comme des *rapporteurs appelés à*
« *donner un avis impartial* sur lequel le juge
« puisse en toute sécurité baser sa décision. En
« se plaçant à ce point de vue, MM. les ingénieurs
« répondront aux intentions de l'administration
« dont le premier intérêt, et aussi le premier de-
« voir, est de faire prévaloir en toutes circon-
« stances la justice, de quelque côté qu'elle se
« trouve. » (*Annales des ponts et chaussées*, 1854,
p. 483.)

Lorsque le dossier est revenu au Conseil d'État,
avec l'avis du ministre, l'avocat du demandeur
est appelé à en prendre connaissance: il réplique
s'il le juge convenable. Puis, lorsque l'instruction est ainsi complète, l'affaire est appelée à son
tour à l'audience publique, où l'on entend successivement le rapporteur, l'avocat, et le commissaire
du Gouvernement chargé des fonctions du ministère public.

6.—Le nouveau cahier du ministère d'État contient une innovation qui n'est pas sans importance en ce qui touche le contentieux des travaux. Jusqu'ici, dans tous les débats si fréquents pendant l'exécution , les architectes ou ingénieurs tranchaient provisoirement la question litigieuse et ajournaient les réclamations de l'entrepreneur, de telle sorte que, souvent, les éléments en avaient disparu avant qu'elles pussent être portées devant qui de droit. De cet état de choses, résultait un véritable déni de justice pour l'entrepreneur. D'après le nouveau cahier, il en doit être référé sur-le-champ à l'administration par l'architecte, et celui-ci est dans l'obligation, si l'entrepreneur conteste le fait, de dresser immédiatement procès-verbal des circonstances de la contestation. Ce procès-verbal est communiqué à l'entrepreneur qui y consigne ses observations, puis l'administration statue. Toute contestation doit être soumise ainsi à un recours préliminaire à l'administration avant d'être portée devant le tribunal administratif. Cela répond au préliminaire de conciliation devant le juge de paix exigé en principe par notre Code de procédure pour toute demande principale introductive d'instance. Ce sera seulement au cas où les parties n'auraient pu tomber d'accord, après ce référé à l'administration, que la justice réglée devra être saisie.

APPENDICE.

1741 (14 mars). — **A**RRÊT *du Conseil concernant l'exploitation des carrrières voisines des grands chemins.*

..... S. M. fait très-expresses défenses à tous carriers et autres particuliers dans toute l'étendue du royaume, d'ouvrir aucunes carrières de pierres de taille, moëllon, glaise, marne ou autres, de quelque espèce que ce soit, sur les bords et côtés des routes et grands chemins, sinon à 30 toises de distance du bord ou extrémité de la largeur qu'auront lesdits chemins ou qu'ils doivent avoir, suivant la disposition des ordonnances et derniers règlements, lequel bord sera mesuré du pied des arbres, lorsqu'il y en aura de plantés au long desdits chemins, à la distance réglée par l'arrêt du 3 mai 1720, et lorsqu'il n'y aura ni arbres, ni fossés, lesdites carrières *ne pourront être fouillées qu'à 32 toises de l'extrémité de la largeur :* le tout à peine de 300 livres d'amende, confiscation des matériaux, outils et équipages, et de tous dépens, dommages et intérêts. — Fait S. M. pareilles défenses auxdits carriers ou autres particuliers qui ouvriront des carrières à la distance des grands chemins, permise par le présent arrêt, de pousser les rameaux ou rues desdites carrières du côté desdits chemins, même de souchever tant soit peu au dedans de leurs fouilles le solide du terrain dont S. M. veut qu'elles soient séparées de la voie publique ; le tout sous les mêmes peines d'amende et de confiscation et, en outre, de punition exemplaire (1). — Enjoint aux sieurs

---

(1) Cette double disposition a été confirmée par d'autres arrêts du Conseil, en date du 5 avril 1772, 5 septembre 1778, et par des déclarations des 17 mars 1780 et 17 juillet 1781, lesquels n'ont pas cessé de conserver leur valeur réglementaire. L'art. 6 de la dé-

commissaires départis dans les provinces et généralités du Royaume autres que celles de Paris, aux sieurs officiers du bureau des finances et commissaires du conseil pour les pavés, ponts et chaussées desdites villes et généralité de Paris, de tenir, chacun en droit soi, la main à l'exécution du présent arrêt, qui sera exécuté nonobstant toute opposition ou empêchements quelconques pour lesquels il ne sera différé, et dont, si aucuns interviennent, S. M. s'est réservé la connaissance ; et sera le présent arrêt publié et affiché partout où il appartiendra, à ce que personne n'en ignore, et que chacun ait à s'y conformer.

1755 (7 septembre). — ARRÊT *du Conseil, concernant l'extraction des matériaux pour l'entretien des levées de la Loire et des rivières y affluentes.*

Le Roi étant informé que les entrepreneurs des ponts et chaussées du Royaume sont quelquefois troublés, dans l'exécution des ouvrages dont ils sont adjudicataires, par les propriétaires des fonds sur lesquels ils sont obligés de prendre les matériaux qui leur sont nécessaires, ou même par les seigneurs directs et justiciers desdits fonds ; comme aussi, que lorsqu'ils se trouvent obligés de prendre lesdits matériaux dans les bois et forêts appartenant à Sa Majesté, et sur les bords desdites forêts ou dans les bois appartenant à des ecclésiastiques, communautés laïques et autres gens de mainmorte, il se forme des conflits entre les officiers des maîtrises des eaux et forêts, d'une part, à qui la police des bois et la manutention de tout ce qui concerne leur conservation sont attribuées, et les officiers du bureau des finances, d'autre part, qui ont la connaissance de ce qui concerne les adjudications des ouvrages des ponts et chaussées ; et Sa Majesté voulant tout à la fois prévenir les inconvénients ci-dessus, et assu-

---

claration du 17 mars 1780 fait défense, sous les mêmes peines, de fouiller les carrières *à moins de* 30 *toises des murs des édifices* situés dans le voisinage des carrières.

rer de plus en plus l'exécution des règlements précédemment rendus concernant l'exemption de tous droits pour lesdits matériaux lors de leur transport par terre ou par eau, elle aurait jugé à propos d'expliquer ses intentions sur cet objet, et de donner de plus en plus des marques de sa protection à des ouvrages dont l'utilité est reconnue, et qui, en facilitant les communications et le commerce, augmentent les produits des droits mêmes auxquels on voudrait assujettir ceux qui les construisent.

Sur quoi, ouï le rapport du sieur Moreau de Séchelles, conseiller d'État ordinaire, contrôleur général des finances, le Roi étant en son Conseil, a ordonné et ordonne ce qui suit :

ART. 1er. — Les arrêts du Conseil du 3 octobre 1667, 3 décembre 1672 et 22 juin 1706, seront exécutés selon leur forme et teneur ; en conséquence, les entrepreneurs de l'entretien du pavé de Paris, ainsi que ceux des autres ouvrages ordonnés pour les ponts, chaussées et chemins du royaume, turcies et levées des rivières, de Loire, Cher et Allier, et autres y affluentes, pourront prendre la pierre, le grès, le sable et autres matériaux pour l'exécution des ouvrages dont ils sont adjudicataires, dans tous les lieux qui leur seront indiqués par les devis et adjudications desdits ouvrages, sans néanmoins qu'ils puissent les prendre dans les lieux qui seront fermés de murs, ou autre clôture équivalente suivant les usages du pays. Fait Sa Majesté défenses aux seigneurs ou propriétaires desdits lieux non clos, de leur apporter aucun trouble ni empêchement, sous quelque prétexte que ce puisse être, à peine de toute perte, dépens, dommage et intérêts, même d'amende, et de telle autre condamnation qu'il appartiendra, selon l'exigence des cas, sauf néanmoins auxdits seigneurs et propriétaires à se pourvoir contre lesdits entrepreneurs pour leur dédommagement, ainsi qu'il sera réglé ci-après ; dans le cas où les matériaux indiqués par les devis ne seront pas jugés convenables ou suffisants, les inspecteurs généraux ou ingénieurs pourront en indiquer à prendre dans d'autres lieux ; mais lesdites indications seront données par écrit et signées desdits inspecteurs ou ingénieurs. — Veut Sa Majesté que les entrepreneurs ne puissent faire aucun autre usage des matériaux qu'ils auront extraits des terres appartenant aux particuliers, que de les employer dans les ouvrages dont ils sont adjudicataires, à peine de tous dommages et intérêts envers les propriétaires, et même de punition exemplaire.

ART. 2. — Lesdits inspecteurs généraux et ingénieurs indiqueront, autant qu'ils le pourront, pour prendre lesdits matériaux, les lieux où leur extraction causera le moins de dommage; ils s'abstiendront, autant que faire se pourra, d'en prendre dans les bois; et, dans le cas où l'on ne pourrait s'en dispenser sans augmenter considérablement le prix des ouvrages, veut Sa Majesté que les entrepreneurs ne puissent mettre des ouvriers dans les bois appartenant à Sa Majesté ou aux gens de mainmorte, même dans les lisières et aux abords des forêts et distances prohibées par les règlements, sans en avoir pris la permission du grand maître des eaux et forêts ou des officiers des maîtrises par eux commis, qui constateront les lieux où il sera permis auxdits entrepreneurs de faire travailler, et la manière dont se fera l'extraction desdits matériaux, comme aussi les chemins par lesquels ils les voitureront; voulant Sa Majesté que, dans les cas où lesdits officiers auraient quelques représentations à faire pour la conservation desdits bois, ils en adressent sans retardement leur mémoire au sieur contrôleur général des finances, pour y être statué par Sa Majesté; et ne pourront, en aucun cas, lesdits officiers exiger desdits entrepreneurs aucuns frais ni vacations pour raison des visites et permissions ci-dessus ordonnées.

ART. 3. — Les propriétaires de terrains sur lesquels lesdits matériaux auront été pris seront pleinement et entièrement dédommagés de tout le préjudice qu'ils auront pu en souffrir, tant par la fouille pour l'extraction desdits matériaux que pour les dégâts auxquels l'enlèvement aurait pu donner lieu. Sera payé ledit dédommagement auxdits propriétaires par les entrepreneurs suivant l'estimation qui en sera faite par l'ingénieur qui aura fait le devis des ouvrages; et, en cas que lesdits propriétaires ne voulussent pas s'en rapporter à ladite estimation, il sera ordonné un rapport de trois nouveaux experts nommés d'office, dont lesdits propriétaires seront tenus d'avancer les frais. — Veut Sa Majesté que les entrepreneurs rejettent en outre, à leurs frais et dépens, dans les fouilles et ouvertures qu'ils auront faites, les terres et décombres qui en seront provenus.

————

1780 (20 mars). — ARRÊT *du Conseil concernant les extractions de matériaux dans certains lieux clos.*

Le Roi étant informé ..... que les propriétaires, en cherchant à se prévaloir de quelques dispositions peu précises de l'art. 1er de l'arrêt du Conseil du 7 septembre 1755, s'opposent à ce que les entrepreneurs aient la faculté de prendre les matériaux nécessaires à la construction des routes dans tous les terrains indistinctement, lorsqu'ils se trouvent clos; qu'il en est résulté des contestations qui ont été portées devant les juges ordinaires, et dans lesquelles les entrepreneurs ont été condamnés en des dommages-intérêts envers les propriétaires, d'après les dispositions de l'arrêt du 7 septembre 1755.—Sa Majesté désirant faire cesser ces difficultés, s'est fait représenter l'arrêt du 7 septembre 1755, et elle a jugé que la prohibition qu'il contient de prendre les matériaux nécessaires pour la confection des grandes routes dans les lieux qui sont fermés de murs ou autres clôtures équivalentes, suivant les usages du pays, *ne doit s'entendre que des cours et jardins, vergers et autres possessions de ce genre*, et qu'elle ne peut s'étendre aux terres labourables, herbages, prés, bois, vignes et autres terres de la même nature, *quoique closes;* . . . .
Sa Majesté voulant faire connaître ses intentions à ce sujet, ouï le rapport du sieur Moreau de Beaumont, conseiller d'Etat ordinaire et au Conseil royal des finances; le Roi étant en son Conseil, interprétant en tant que de besoin les dispositions de l'arrêt du 7 septembre 1755, a autorisé et autorise les entrepreneurs ..... à prendre les pierres, grès, sables et cailloux nécessaires sur toutes les terres labourables, herbages, vignes, prés,

7.

bois et autres terrains équivalents, quoique fermés de clôtures de pierres sèches, de haies ou de fossés, à l'exception néanmoins des cours, jardins et vergers entourés de murs; le tout sur l'indication des lieux propres à l'extraction des matériaux qui sera donnée par écrit auxdits entrepreneurs par l'ingénieur en chef des ponts et chaussées, et visé par l'intendant de la généralité, à la charge par lesdits entrepreneurs d'acquitter les indemnités qui seront dues aux propriétaires des terrains, conformément aux dispositions de l'art. 3 de l'arrêt du 7 septembre 1755, qui sera exécuté selon sa forme et teneur, en tout ce qui ne sera pas contraire au présent arrêt.

1793 (4 mars). — DÉCRET *qui donne hypothèque à la nation sur les biens des entrepreneurs et fournisseurs (Extrait du).*

. . . .

ART. 4.—Quoique les marchés soient passés par des actes sous signatures privées, la Nation aura néanmoins hypothèque sur les immeubles appartenant aux fournisseurs et à leurs cautions, à compter du jour où les ministres auront accepté leurs marchés.

An II (26 pluviôse). — DÉCRET *qui interdit aux créanciers particuliers des entrepreneurs, autres que les ouvriers et fournisseurs, toutes saisies-arrêts sur les fonds revenant auxdits entrepreneurs.*

ART. 1ᵉʳ. — Les créanciers particuliers des entrepreneurs et adjudicataires des ouvrages faits ou à faire pour le compte de la Nation, ne peuvent, jusqu'à l'organisation définitive des travaux publics, faire aucune saisie-arrêt ni opposition sur les fonds déposés dans les caisses des receveurs de district pour être délivrés auxdits entrepreneurs ou adjudicataires.

ART. 2. — Les saisies-arrêts et oppositions qui auraient été faites jusqu'à ce jour par les créanciers particuliers desdits entrepreneurs ou adjudicataires sont déclarées nulles et comme non avenues.

Art. 3. — Ne sont point comprises dans les dispositions des articles précédents, les créances provenant du salaire des ouvriers employés par lesdits entrepreneurs, et les sommes dues pour fournitures de matériaux et autres objets servant à la construction des ouvrages.

Art. 4. — Néanmoins, les sommes qui resteront dues aux entrepreneurs ou adjudicataires, après la réception des ouvrages, pourront être saisies par leurs créanciers particuliers, lorsque les dettes mentionnées en l'art. 3 auront été acquittées.

An VIII (28 pluviôse). — Loi *sur l'organisation administrative du territoire de la République* (Extrait de la).

. . . .

Titre II. — Art. 2. — Il y aura, dans chaque département, un préfet, un Conseil de préfecture et un Conseil général de département.. . . . .

Art. 3. — Le préfet sera seul chargé de l'administration.

Art. 4. — Le Conseil de préfecture prononcera :

Sur les demandes de particuliers tendant à obtenir la décharge ou la réduction de leur cote de contributions directes;

Sur les difficultés qui pourraient s'élever entre les entrepreneurs de travaux publics et l'administration, concernant le sens ou l'exécution des clauses de leurs marchés;

Sur les réclamations des particuliers qui se plaindront de torts et dommages procédant du fait personnel des entrepreneurs, et non du fait de l'administration;

Sur les demandes et contestations concernant les indemnités dues aux particuliers à raison des terrains pris ou fouillés pour la confection des chemins, canaux ou autres ouvrages publics;

Sur les difficultés qui pourront s'élever en matière de grande voirie;

Sur les demandes qui seront présentées par les communautés des villes, bourgs ou villages, pour être autorisées à plaider;

Enfin, sur le contentieux des domaines nationaux.

ART. 5. — Lorsque le préfet assistera au Conseil de préfecture, il présidera : en cas de partage, il aura voix prépondérante.

.   .   .   .

An XII (7 fructidor).— DÉCRET *contenant organisation du corps des ingénieurs des ponts et chaussées* (Extrait du).

.   .   .   .

ART. 13. — Les ingénieurs en chef de département sont chargés du service des ponts et chaussées, canaux, navigation et ports de commerce dans les départements, sous les ordres supérieurs du directeur général, sous les ordres immédiats des préfets, et sous la surveillance des inspecteurs divisionnaires.

Ils rédigeront et feront rédiger par les ingénieurs ordinaires les projets des travaux, les devis des ouvrages et les détails estimatifs; ils soumettront aux préfets les conditions des marchés ou entreprises; ils assisteront aux adjudications et donneront leur avis sur les conditions du cahier des charges et sur les adjudications qui seront faites. Ils dirigeront et surveilleront l'exécution des travaux.

Les ingénieurs en chef vérifieront le compte de tous les travaux, l'arrêteront provisoirement avec les entrepreneurs, et leur délivreront les certificats nécessaires pour l'obtention des paiements à compte et définitifs qui leur seront faits, s'il y a lieu, sur les mandats des préfets, à l'effet de quoi ils s'assureront de l'avancement des travaux.

.....Ils exécuteront ou feront exécuter, en outre, ceux des travaux pour lesquels ils auront été commis par les lois, arrêtés du Gouvernement, jugements des tribunaux.

Ils pourront aussi être chargés, sur la demande des préfets, et sous l'approbation du directeur général, d'exécuter ou faire exécuter des travaux étrangers aux ponts et chaussées, mais dépendant de l'administration publique, de celle des départements et des communes.

. . . .

ART. 14. — Les ingénieurs ordinaires seront chargés, sous les ordres de l'ingénieur en chef, de suivre et de faire exécuter les travaux des ponts et chaussées.

..... Ils feront exécuter les travaux de toute espèce, conformément aux conditions souscrites par les entrepreneurs ; ils surveilleront avec exactitude et dirigeront les constructions des travaux d'art ; ils vérifieront les qualités, la quantité et l'emploi des matériaux ; ils feront toutes les vérifications et les toisés nécessaires qui doivent précéder la réception des travaux. Ils feront cette réception, régleront provisoirement les comptes des entrepreneurs ; ils adresseront aux ingénieurs en chef les certificats nécessaires aux entrepreneurs, à l'effet d'obtenir du préfet les paiements d'acompte ou définitifs.

..... Ils doivent être sans cesse présents sur les ateliers des grands travaux d'art ; quant aux travaux ordinaires des routes et de la navigation, ils doivent, pendant la saison d'activité, les visiter le plus souvent possible, et ne rester dans leur domicile que le temps nécessaire pour mettre en ordre la comptabilité et pour s'occuper des projets, devis et autres affaires de bureau dont ils sont chargés.

. . . .

1806 (22 juillet). — DÉCRET *sur la procédure des affaires contentieuses portées au Conseil d'état* (Extrait du).

ART. 1er. — Le recours des parties au Conseil d'état, en matière contentieuse, sera formé par requête signée d'un avocat au Conseil : elle contiendra l'exposé sommaire des faits et des moyens, les conclusions, les noms et demeures des parties, l'énonciation des pièces dont on entend se servir et qui y seront jointes.

. . . .

ART. 3. — Le recours au Conseil d'état n'aura point d'effet suspensif, s'il n'en est autrement ordonné.

Lorsque l'avis de la commission établie par notre décret du 11 juin dernier (1) sera d'accorder le sursis, il en sera fait rapport au Conseil d'état qui prononcera.

ART. 4. — Lorsque la communication aux parties intéressées aura été ordonnée par le grand juge (2), elles seront tenues de répondre et de fournir leurs défenses dans les délais suivants :

Dans quinze jours, si leur demeure est à Paris ou n'en est pas plus éloignée de cinq myriamètres.

Dans un mois, si elles demeurent à une distance plus éloignée dans le ressort de la Cour d'appel de Paris ou dans l'un des ressorts des Cours d'appel d'Orléans, Rouen, Amiens, Douai, Nancy, Metz, Dijon et Bourges ;

Dans deux mois, pour les ressorts des autres Cours d'appel en France ;

Et à l'égard des colonies et des pays étrangers, les délais seront réglés ainsi qu'il appartiendra par l'ordonnance de soit communiqué.

Ces délais commenceront à courir du jour de la signification de la requête à personne ou domicile par le ministère d'un huissier.

. . . .

ART. 11. — Le recours au Conseil contre la décision d'une autorité qui y ressortit ne sera pas recevable après trois mois du jour où cette décision aura été notifiée.

ART. 12. — Lorsque, sur un semblable pourvoi fait

---

(1) Aujourd'hui la section du contentieux du Conseil d'Etat.
(2) C'est le président de la section du contentieux qui ordonne aujourd'hui la communication des requêtes en pourvoi aux parties adverses.

dans le délai ci-dessus prescrit, il aura été rendu une ordonnance de *soit communiqué*, cette ordonnance devra être signifiée dans le délai de trois mois, sous peine de déchéance.

. . . .

. . . .

Art. 44. — Les avocats en notre Conseil d'état auront, conformément à notre décret du 11 juin dernier, le droit exclusif de faire tous actes d'instruction et de procédure devant la commission du contentieux.

1807 (16 septembre). — Loi *sur les desséchements, dommages,* etc. (Extrait de la).

. . . .

Art. 55. — Les terrains occupés pour prendre les matériaux nécessaires aux routes ou aux constructions publiques, pourront être payés aux propriétaires comme s'ils eussent été pris pour la route même.

Il n'y aura lieu à faire entrer dans l'estimation la valeur des matériaux à extraire que dans les cas où l'on s'emparerait d'une carrière déjà en exploitation ; alors lesdits matériaux seront évalués d'après leur prix courant, abstraction faite de l'existence et des besoins de la route pour laquelle ils seraient pris, ou des constructions auxquelles on les destine.

Art. 56. — Les experts pour l'évaluation des indemnités relatives à une occupation de terrain, dans les cas prévus au présent titre, seront nommés, pour les objets de travaux de grande voirie, l'un par le propriétaire, l'autre par le préfet ; et le tiers expert, s'il en est besoin, sera de droit l'ingénieur en chef du département. Lorsqu'il y aura des concessionnaires, un expert sera nommé par le propriétaire, un par le concessionnaire, et le tiers expert par le préfet.

1810 (21 avril). — Loi *sur les mines et carrières* (Extrait de la).

. . . .

Art. 81. — L'exploitation des carrières à ciel ouvert a lieu sans permission, sous la simple surveillance de la police, et avec l'observation des lois ou règlements généraux ou locaux.

Art. 82. — Quand l'exploitation a lieu par galeries souterraines, elle est soumise à la surveillance de l'administration, comme il est dit au titre 5 de la présente loi.

———

1827 (21 mai). — Loi, *dite Code forestier* (Extrait de la), *en ce qui touche les extractions de matériaux.*

. . . .

Art. 145. — Il n'est point dérogé au droit conféré à l'administration des ponts et chaussées d'indiquer les lieux où doivent être faites les extractions de matériaux pour les travaux publics; néanmoins les entrepreneurs seront tenus envers l'État, les communes et établissements publics, comme envers les particuliers, de payer toutes les indemnités de droit, et d'observer toutes les formes prescrites par les lois et règlements en cette matière.

———

1827 (1ᵉʳ août). — Ordonnance *pour l'exécution du Code forestier* (Extrait de l').

. . . .

Art. 170. — Lorsque les extractions de matériaux auront pour objet des travaux publics, les ingénieurs des ponts et chaussées, avant de dresser le cahier des charges des travaux, désigneront à l'agent forestier supérieur de l'arrondissement les lieux où ces extractions devront être faites.

Les agents forestiers, de concert avec les ingénieurs ou conducteurs des ponts et chaussées, procéderont à la reconnaissance des lieux, détermineront les limites du terrain où l'extraction pourra être effectuée, le nombre, l'espèce et les dimensions des arbres dont elle pourra nécessiter l'abattage, et désigneront les chemins à suivre pour le transport des matériaux. En cas de contestation sur ces divers objets, il sera statué par le préfet.

ART. 171. — Les diverses clauses et conditions qui devront, en conséquence des dispositions de l'article précédent, être imposées à l'entrepreneur, tant pour le mode d'extraction que pour le rétablissement des lieux en bon état, seront rédigées par les agents forestiers, et remises par eux au préfet qui les fera insérer au cahier des charges des travaux.

1829 (16 mai). — ORDONNANCE *sur le mode d'adjudication des travaux des ponts et chaussées* (Extrait de l').

. . . .

TITRE III. — *Formes à suivre dans l'adjudication des travaux.*

ART. 9. — Les adjudications relatives aux travaux dépendant de l'administration des ponts et chaussées auront lieu à l'avenir sur un seul concours et par voie de soumissions cachetées. Le délai du concours sera au moins d'un mois. Toutefois, il pourra être réduit dans les cas d'urgence, et avec l'autorisation du directeur général des ponts et chaussées.

ART. 10. — Nul ne sera admis à concourir, s'il n'a les qualités requises pour entreprendre les travaux et en garantir le succès; à cet effet, chaque concurrent sera tenu de fournir un certificat constatant sa capacité et de présenter un acte régulier ou au moins une promesse valable de cautionnement. Ce certificat et cet acte ou promesse seront joints à la soumission, mais celle-ci sera placée sous un second cachet. Il ne sera pas exigé de certificat de capacité pour la fourniture des matériaux destinés à l'entretien des routes, ni pour les travaux de terrassement dont l'estimation ne s'élèvera pas à plus de 15,000 fr.

Art. 11. — Les paquets seront reçus cachetés par le préfet, le conseil de préfecture assemblé, en présence de l'ingénieur en chef. Ils seront immédiatement rangés sur le bureau, et recevront un numéro dans l'ordre de leur présentation.

Art. 12. — A l'instant fixé pour l'ouverture des paquets, le 1er cachet sera rompu publiquement : il sera dressé un état des pièces contenues sous ce 1er cachet. L'état dressé, les concurrents se retireront de la salle de l'adjudication, et le préfet, après avoir consulté les membres du conseil de préfecture et l'ingénieur en chef, arrêtera la liste des concurrents agréés.

Art. 13. — Immédiatement après, la séance redeviendra publique ; le préfet annoncera sa décision. Les soumissions seront alors ouvertes publiquement, et le soumissionnaire qui aura fait l'offre d'exécuter les travaux aux conditions les plus avantageuses sera déclaré adjudicataire.

Art. 14. — Néanmoins, si les prix de la soumission excédaient ceux du projet approuvé, le préfet sursoierait à l'adjudication : il en rendrait compte au directeur général des ponts et chaussés, qui lui transmettrait des instructions conformes aux circonstances.

Art. 15. — Lorsqu'un certificat de capacité n'aura pas été admis, la soumission qui l'accompagnera ne sera pas ouverte.

Art. 16. — Toute soumission qui ne sera pas exactement conforme au modèle adopté sera réputée nulle et non avenue.

Art. 17. — Il sera dressé pour chaque adjudication un procès-verbal de toutes les opérations ci-dessus indiquées. Une copie de ce procès-verbal sera transmise immédiatement, avec les pièces qui devront l'accompagner, au directeur général des ponts et chaussées dont l'approbation sera nécessaire pour rendre l'adjudication valable et définitive. — Toutefois, ainsi qu'il a été dit ci-dessus, les adjudications relatives aux travaux d'entretien et de réparations ordinaires deviendront valables et définitives par la seule approbation du préfet.

Art. 18. — Nonobstant les dispositions qui précèdent, et lorsque la dépense des travaux n'excèdera pas 5,000 fr., le préfet pourra, dans les cas urgens, recevoir des soumissions isolées et sans concours.

Art. 19. — Dans certaines circonstances, et lorsqu'il ne s'agira que de travaux d'entretien ou de réparations ordinaires, ou de travaux neufs dont la dépense n'excédera pas 15,000 fr., le préfet pourra déléguer au sous-préfet la faculté de passer l'adjudication au chef-lieu de la sous-préfecture. Le sous-préfet suivra les formes et les dispositions ci-dessus indiquées ; il sera assisté du maire du chef-lieu de la sous-préfecture, de deux membres du Conseil d'arrondissement et d'un ingénieur ordinaire.

Art. 20. — Le montant du cautionnement n'excédera pas le trentième de l'estimation des travaux, déduction faite de toutes les sommes portées à valoir pour cas imprévus, indemnités de terrain, ouvrages en régie. Ce cautionnement sera mobilier ou immobilier, à la volonté des soumissionnaires. Les valeurs mobilières ne pourront être que des effets publics ayant cours sur la place.

1836 (4 déc.). — Ordonnance *du Roi sur les marchés passés au nom de l'État.*

Art. 1er.— Tous les marchés au nom de l'État seront faits avec concurrence et publicité, sauf les exceptions mentionnées en l'article suivant.

Art. 2. — Il pourra être traité de gré à gré : 1° pour les fournitures, transports et travaux dont la dépense totale n'excédera pas 10,000 fr., ou s'il s'agit d'un marché passé pour plusieurs années dont la dépense annuelle n'excédera pas 3,000 fr.; 2° pour toute espèce de fournitures, de transports ou de travaux, lorsque les circonstances exigeront que les opérations du Gouvernement soient tenues secrètes : ces marchés devront être préalablement autorisés par Nous, sur un rapport spécial ; 3° pour les objets dont la fabrication est exclusivement attribuée à des porteurs de brevets d'invention ou d'importation. . . . . 8° pour les fournitures, transports ou travaux qui n'auraient été l'objet d'aucune offre aux adjudications ou à l'égard desquels il n'aurait été proposé que des prix inacceptables : toutefois, lorsque l'administration aura cru devoir arrêter et faire connaître un *maximum* de prix, elle ne devra pas dépasser ce maximum ; 9° pour les fournitures, transports et travaux qui, dans le cas d'urgence évidente, amenés par des circonstances imprévues, ne pourront pas subir les délais des adjudications. . . . .

Art. 3. — Les adjudications publiques relatives à des fournitures, à des travaux, à des exploitations ou fabrications qui ne pourraient être sans inconvénient livrés à une concurrence illimitée, pourront être soumises à des restrictions qui n'admettront à concourir que des personnes préalablement reconnues capables par l'administration et produisant les titres justificatifs exigés par les cahiers de charges.

. . . .

Art. 5. — Les cahiers des charges détermineront la nature et l'importance des garanties que les fournisseurs ou entrepreneurs auront à produire, soit pour être admis aux adjudications, soit pour répondre de l'exécution de leurs engagements.— Ils détermineront aussi l'action que l'administration exercera sur ces garanties, au cas d'inexécution de ces engagements.

Art. 6. — L'avis des adjudications à passer sera publié, sauf les cas d'urgence, un mois à l'avance, par la voie des affiches et par tous les moyens ordinaires de publicité. — Cet avis fera connaître : 1° le lieu où l'on pourra prendre connaissance du cahier des charges ; 2° les autorités chargées de procéder à l'adjudication ; 3° le lieu, le jour et l'heure fixés pour l'adjudication.

Art. 7.—Les soumissions devront toujours être remises cachetées en séance publique.—Lorsqu'un *maximum* de prix ou un *minimum* de rabais aura été arrêté d'avance par le ministre ou par le fonctionnaire qu'il aura délégué, ce *maximum* ou ce *minimum* devra être déposé cacheté sur le bureau, à l'ouverture de la séance.

Art. 8. — Dans le cas où plusieurs soumissionnaires auraient offert le même prix, et où ce prix serait le plus bas de ceux portés dans les soumissions, il sera procédé, séance tenante, à une réadjudication, soit sur de nouvelles soumissions, soit à extinction des feux, entre ces soumissionnaires seulement.

ART. 9. — Les résultats de chaque adjudication seront constatés par un procès-verbal relatant toutes les circonstances de l'opération.

ART. 10.—Il pourra être fixé par le cahier des charges un délai pour recevoir des offres de rabais sur le prix de l'adjudication. —Si, pendant ce délai, qui ne devra pas dépasser trente jours, il est fait une ou plusieurs offres de rabais de au moins 10 pour cent chacune, il sera procédé à une réadjudication entre le premier adjudicataire et l'auteur ou les auteurs des offres de rabais, pourvu que ces derniers aient, préalablement à leurs offres, satisfait aux conditions imposées par le cahier des charges pour pouvoir se présenter aux adjudications.

ART. 11. — Les adjudications et réadjudications seront toujours subordonnées à l'approbation du ministre compétent, et ne seront valables et définitives qu'après cette approbation, sauf les exceptions spécialement autorisées et rappelées dans le cahier des charges.

. . . .

1848 (15 décembre). — ARRÊTÉ *ministériel sur les secours à accorder aux ouvriers, en cas d'accidents.*

ART. 1er. — Des ambulances seront établies sur la proposition des ingénieurs ou architectes, et avec l'autorisation du ministre, sur les ateliers de travaux publics qui, par leur importance, leur situation et la nature des travaux, rendront cette mesure nécessaire.

ART. 2. — Le service de ces ambulances sera fait par des médecins ou chirurgiens pris autant que possible dans la localité la plus voisine.

ART. 3. — Les ouvriers atteints de blessures ou de maladies occasionnées par les travaux, après avoir reçu sur place les premiers secours de l'art, seront soignés gratuitement à l'hôpital ou à domicile.

ART. 4. — Pendant la durée de l'interruption obligée du travail qui devra être constatée par un certificat du médecin, ils recevront la moitié du salaire qu'ils auraient pu gagner s'ils avaient continué à travailler.

ART. 5. — Lorsque, par suite de blessures, ils seront devenus impropres au travail de leur profession, on leur allouera la moitié de leur salaire pendant une année à partir du jour de l'accident.

ART. 6. — Lorsqu'un ouvrier marié, ou ayant des charges de famille, aura été tué sur les travaux ou aura succombé à la suite, soit de blessures, soit d'une maladie occasionnées par les travaux sa veuve ou sa famille aura droit à une indemnité de 300 fr.

ART. 7. — Les secours mentionnés aux deux articles précédents pourront être augmentés par des décisions spéciales du ministre des travaux publics, selon la position et les besoins des victimes, ou de leur famille.

ART. 8. — Les ouvriers qui seront blessés étant dans un état d'ivresse ne pourront recevoir que des secours médicaux.

ART. 9. — Pour assurer le service médical et le paiement des secours, il sera opéré à l'avenir une retenue de 2 pour 100 sur le prix de la main-d'œuvre des travaux adjugés.

En cas d'insuffisance du produit de cette retenue, il y sera pourvu par une allocation dont le montant réglé par le ministre des travaux publics sera prélevé sur le fonds des travaux.

Si ce produit excède, au contraire, les besoins constatés jusqu'à la fin de l'entreprise, l'excédant sera restitué à l'entrepreneur.

Lorsque les travaux seront exécutés par voie de régie au compte de l'administration, les dépenses du service médical et les secours seront à la charge de l'Etat.

. . . .

ART. 11. — Lorsqu'un accident aura occasionné la mort d'un ouvrier, un procès-verbal en sera immédiatement dressé par les agents de l'administration. Ce procès-verbal fera connaître la cause et les circonstances de l'accident.

ART. 12. — Chaque année, les ingénieurs et architectes adresseront à l'administration un relevé des accidents de toute nature qui seront arrivés dans les travaux. Ce relevé devra faire connaître les causes auxquelles les accidents pourront être attribués.

NOTA: Les art. 4 et 9 de cet arrêté ont été modifiés par une circulaire ministérielle en date du 22 octobre 1851, laquelle dispose : 1° que l'allocation de 1|2 du salaire faisant l'objet de l'art. 4 ne sera accordée aux ouvriers soignés à l'hôpital *que dans le cas seulement où ils seront mariés ou auront des charges de famille;* 2° que la retenue de 2 *pour* 100 *sur le prix de la main-d'œuvre des travaux adjugés,* stipulée en l'art. 9, sera désormais remplacée par une retenue de 1 *pour* 100 *sur le montant de l'ensemble des travaux adjugés.*

1849 (28 sept.). — RÈGLEMENT *sur la comptabilité des travaux publics* (Extrait du).

TITRE 1er. — *Dispositions générales.*

ART. 1er. — La comptabilité des divers services ressortissant au ministère des travaux publics a pour base des écritures élémentaires constatant tous les faits de dépense à mesure qu'ils se produiront.

ART. 2. — Les écritures élémentaires sont tenues par les agents chargés de la surveillance immédiate des travaux, et font l'objet de *journaux* ou *carnets d'attachements* sur lesquels tous les faits de dépense sont inscrits successivement par ordre de date.

ART. 3. — Les articles inscrits sur le journal sont rapportés et classés sur un *sommier* où sont ouverts autant de comptes qu'il y a de crédits distincts.

ART. 4. — Les résultats des comptes du sommier sont arrêtés à la fin de chaque mois et résumés dans une *situation mensuelle* qui est remise au fonctionnaire immédiatement supérieur dans l'ordre hiérarchique.

ART. 5. — Les résultats de toutes les situations mensuelles fournies par les agents secondaires sont résumés dans un état récapitulatif adressé à l'administration centrale.

Art. 6. — Dans les départements, les états récapitulatifs des divers chefs de service sont remis aux préfets qui, avant de les transmettre au ministère des travaux publics, en résument les résultats par chapitre au budget dans un bordereau unique qui est également envoyé au ministère pour servir d'élément à la tenue des écritures de l'administration centrale.

Art. 7. — Les mandats de paiement concernant les dépenses du service des ponts et chaussées seront délivrés à l'avenir par les ingénieurs en chef. A cet effet, les préfets sous-délégueront aux ingénieurs en chef les ordonnances de délégation mises à leur disposition par le ministre des travaux publics.

La répartition des ordonnances par service d'un ingénieur en chef aura lieu conformément aux indications contenues dans les avis d'ordonnances adressés aux préfets par le ministère des travaux publics.

Les préfets demeurent titulaires des crédits de délégation sous-délégués aux ingénieurs en chef des ponts et chaussées, et continuent à en rendre compte dans les bordereaux mensuels qu'ils doivent adresser au ministre des travaux publics, en exécution des articles 256 et 257 de l'ordonnance du 31 mai 1838.

Art. 8. — Les préfets sont autorisés à approuver, dans la limite des crédits ouverts, les propositions des ingénieurs en chef des ponts et chaussées relatives aux dépenses dont la nomenclature suit :

1° Acquisition de terrains, d'immeubles, etc., dont le prix ne dépasse pas 5,000 fr.;

2° Indemnités mobilières ne s'élevant pas au delà de 1,000 fr.;

3° Indemnités pour dommages n'excédant pas 1,000 francs ;

4° Frais accessoires aux acquisitions d'immeubles, aux indemnités mobilières et aux dommages ci-dessus désignés (1) ;

---

(1) D'après le décret du 25 mars 1852, les préfets peuvent au-

5° Secours aux ouvriers réformés, blessés, etc., dans les limites déterminées par les instructions.

Il est rendu compte des approbations accordées par les préfets pour les dépenses détaillées ci-dessus, au moyen d'états trimestriels établis par les ingénieurs et adressés au ministre des travaux publics.

TITRE II. — *Service des ponts et chaussées.*

Comptabilité du conducteur.

ART. 9. — Tout conducteur attaché à l'exécution des travaux tient un *journal* ou *carnet d'attachements* (modèle n° 1), sur lequel il inscrit tous les faits de dépense, à mesure qu'ils se produisent, par ordre chronologique, sans lacune, sans classification, quels que soient les ateliers confiés à sa surveillance auxquels ces faits se rapportent.

Ce journal contient, sur la page de gauche, le libellé des opérations et leurs résultats, soit en quantités seulement, soit à la fois en quantités et en deniers, suivant les divers cas.

En regard de chaque fait, il reçoit, sur la page de droite, les croquis et l'indication des pièces dont les détails ne peuvent pas être inscrits sur le carnet, enfin les renseignements propres à justifier les quantités et sommes portées sur la page de gauche.

Les piqueurs et surveillants, placés sous les ordres du conducteur, sont pourvus de carnets semblables pour les ouvrages confiés à leur surveillance.

Les résultats consignés sur les carnets des piqueurs et surveillants sont rapportés par le conducteur sur son propre journal.

ART. 10. — Les carnets sont délivrés par l'ingénieur en chef à l'ingénieur ordinaire qui en numérote les feuillets et les paraphe par premier et dernier, avant de les remettre aux conducteurs.

---

jourd'hui approuver les acquisitions de terrains jusqu'au chiffre de 25,000 fr., et les dépenses relatives aux indemnités mobilières ou de dommages, quel qu'en soit le chiffre.

Chaque agent est responsable, vis-à-vis de l'administration, de toutes les indications qu'il consigne sur son carnet et des omissions commises dans ses écritures. — Il ne doit se dessaisir de ce carnet que sur l'ordre de ses chefs. — Quand il cesse ses fonctions, il l'arrête et le remet à l'ingénieur.

Les carnets remplis sont visés *ne varietur* par l'ingénieur qui les dépose dans les archives de son bureau.

Les carnets successivement remis, dans une même année, à chaque conducteur, reçoivent une série de numéros.

Art. 11. — Tout est écrit à l'encre sur les carnets.

Chaque attachement porte un numéro, et est précédé de la date à laquelle il se rapporte.

Les attachements qui, par leur nature, doivent être contradictoires, reçoivent sur le carnet la signature de la partie intéressée. En cas de refus de celle-ci, le conducteur prévient aussitôt l'ingénieur.

Les dépenses qui figurent sur les carnets ne sont portées en compte qu'autant qu'elles sont ensuite admises par les ingénieurs. — L'inscription sur le carnet ne constitue pas titre pour les entrepreneurs.

Le carnet est fréquemment visé par l'ingénieur.

Art. 12. — Pour les travaux exécutés en régie au moyen d'avances remises à un agent du service, régisseur comptable, il est fait usage d'un carnet spécial (modèle n° 1 *bis*), désigné sous le nom de *livret de Caisse*.

Ce livret contient, sur la page de gauche, l'indication des numéros et des dates des mandats délivrés au nom du régisseur comptable, l'inscription en toutes lettres, et de la main du payeur, des paiements faits au régisseur, et la même indication en chiffres.

La page de droite indique, par ordre chronologique, les paiements successivement effectués par le régisseur. — On y trouve les dates de ces paiements, la nature des dépenses, le montant des sommes payées, et celui des pièces justificatives produites au payeur.

L'ingénieur constatera sur le carnet les résultats des vérifications qu'il doit faire des écritures, des pièces et de la caisse du régisseur.

Art. 13. — Les journées d'ouvriers sont constatées par des feuilles d'attachements (modèle n° 2) tenues sur chaque atelier par le piqueur ou le surveillant.

Ces feuilles, arrêtées à la fin du mois, ou plus fréquemment s'il est nécessaire, sont remises au conducteur qui en inscrit immédiatement les résultats sur son carnet.

A la fin du mois, toutes les feuilles de journées sont envoyées à l'ingénieur.

Art. 14. — Les réceptions définitives de matériaux sont faites par l'ingénieur ordinaire accompagné du conducteur, et en présence de l'entrepreneur.

Elles sont constatées par des procès-verbaux de réception (modèle n° 3) dressés en triple expédition ; — l'une des expéditions est remise à l'entrepreneur, la seconde est conservée par l'ingénieur, et la troisième est envoyée à l'ingénieur en chef.

Les quantités de matériaux reçues font immédiatement l'objet d'un article au journal du conducteur.

Art. 15. — Lorsque des travaux de repiquage sont exécutés pour l'entretien des chaussées pavées, les résultats en sont constatés par des feuilles spéciales (modèle n° 4).

Le piqueur ou surveillant inscrit, chaque soir, sur son carnet les résultats des feuilles de la journée.

Il remet ces feuilles au conducteur qui, après les avoir vérifiées, en constate sommairement le résultat sur un journal et les envoie, à la fin du mois, à l'ingénieur.

Art. 16. — Les faits de dépense inscrits chronologiquement par le conducteur sur son journal ou carnet d'attachements sont rapportés par article de ce carnet sur un *sommier* (modèle n° 5), où un compte particulier est ouvert à chacun des crédits dont ce conducteur est chargé de surveiller l'emploi.

Art. 17. — Au moyen des éléments extraits du journal ou carnet d'attachements et rapportés à chacun des comptes ouverts au sommier, le conducteur établit, à la fin de chaque mois, les états ci-après désignés qu'il envoie à l'ingénieur ordinaire, et qui servent de base à la comptabilité que ce fonctionnaire doit tenir pour l'ensemble de son service, et aux propositions de paiement qu'il doit adresser à l'ingénieur en chef.

Art. 18. — Les travaux en régie, exécutés par des tâcherons, sont détaillés sur des états conformes au modèle n° 6.

Art. 19. — Le décompte des cantonniers, éclusiers, gardes et autres agents, est établi sur un état (modèle n° 7).

Art. 20. — Les situations mensuelles des travaux d'entretien, dites *de première catégorie*, sont présentées par route, pont, rivière, etc., conformément aux modèles n°s 8 et 8 *bis*.

Les situations mensuelles des travaux neufs et de grosses réparations, dites *de seconde catégorie* (modèle n° 9), sont produites par article et par entreprise.

Art. 21. — Les ouvrages exécutés sont portés sur les situations mensuelles (modèles 8, 8 *bis* et 9) en quantités sommaires. — Pour justifier ces quantités, le conducteur doit joindre, lorsqu'il y a lieu, à chacune de ces situations, un métré détaillé dans la forme du modèle A 8 et 9.

Art. 22. — Les états et situations adressés, chaque mois, par le conducteur à l'ingénieur ordinaire sont accompagnés d'un bordereau conforme au n° 10.

Ces pièces doivent parvenir à l'ingénieur ordinaire le 5 de chaque mois au plus tard.

Comptabilité de l'ingénieur ordinaire.

Art. 23. — L'ingénieur ordinaire centralise, vérifie et coordonne tous les résultats constatés et produits par les conducteurs placés sous ses ordres.

Il les établit dans sa comptabilité, conformément aux articles qui suivent :

Art. 25. — L'ingénieur ordinaire dresse, à la fin de chaque mois, d'après les états partiels (modèle n° 7) fournis par les conducteurs, le *décompte mensuel* (modèle n° 11) des sommes dues à tous les cantonniers, éclusiers, gardes et autres agents de son service.

Art. 25. — Les feuilles d'attachements des journées

d'ouvriers reçues par l'ingénieur de tous les conducteurs de son arrondissement, sont résumées, chaque mois, dans un état récapitulatif (modèle n° 12).

ART. 26. — Tous les faits de comptabilité concernant un service d'ingénieur ordinaire sont classés méthodiquement dans un registre (modèle n° 13) désigné sous le nom de *livre de comptabilité de l'ingénieur ordinaire*.

Ce livre se compose des parties détaillées ci-après :

1° La sous-répartition des crédits affectés aux dépenses du service ;

2° Une série de comptes ouverts aux différents articles de la sous-répartition ;

3° Un compte des fonds ordonnancés et appliqués au paiement des dépenses, d'après les dispositions faites par l'ingénieur en chef du service ;

4° Un journal d'inscription des certificats pour paiements délivrés par l'ingénieur ordinaire ;

5° Une série de comptes récapitulatifs, par *chapitre du budget*, des dépenses faites et des mandats délivrés.

L'ingénieur ordinaire doit tenir un livre spécial de comptabilité pour chacune des deux catégories *du service ordinaire* et pour les *travaux extraordinaires*.

ART. 27. — A la fin de chaque mois, l'ingénieur ordinaire dresse un état sommaire des dépenses de son service (modèle n° 14).

Les sommes à porter sur cet état sont celles qui résultent des divers comptes du livre de comptabilité arrêtés au dernier jour du mois.

Une colonne spéciale est destinée à recevoir l'indication des dépenses qui seront faites dans les deux mois qui suivent celui pour lequel l'état est dressé.

Ce compte mensuel est envoyé à l'ingénieur en chef avec les états n°s 11 et 12, et doit lui parvenir le 10 du mois suivant.

ART. 28. — L'ingénieur ordinaire constate la réception provisoire des travaux d'une entreprise par un procès-verbal (modèle n° 15) dressé en triple expédition ; l'une des expéditions est envoyée à l'ingénieur en chef, une autre remise à l'entrepreneur, et la troisième conservée dans le bureau de l'ingénieur ordinaire.

A l'expiration du délai de garantie, l'ingénieur ordinaire se transporte de nouveau sur les lieux pour examiner les travaux, et s'il reconnaît qu'ils satisfont aux conditions du devis et sont en bon état d'entretien, il déclare qu'il y a lieu d'en accorder la réception définitive.

Il dresse procès-verbal de cette opération dans la forme du modèle n° 15 *bis*.

Ce procès-verbal est suivi d'un décompte des ouvrages exécutés, certifié conforme par l'ingénieur ordinaire et présenté à l'acceptation de l'entrepreneur.

Le procès-verbal de réception définitive est adressé à l'ingénieur en chef pour être vérifié et approuvé par lui, s'il y a lieu.

ART. 29. — Lorsqu'il y a lieu de faire un paiement à un entrepreneur, l'ingénieur ordinaire rédige un *certificat pour paiement*, indiquant la nature et le montant des dépenses (modèle n° 16).

Cette pièce doit être accompagnée d'un décompte en quantités et en deniers des ouvrages exécutés et des dépenses faites par l'entrepreneur, pour justifier la proposition du paiement. Ce décompte contient une situation comparative des fonds ordonnancés mis à la disposition de l'ingénieur ordinaire sur le chapitre du budget qui doit supporter le paiement proposé, et des certificats pour paiement précédemment délivrés.

Le certificat pour paiement et le décompte sont envoyés à l'ingénieur en chef ; le certificat de paiement est seul produit au payeur à l'appui du mandat.

*ART. 30. — Les certificats pour paiement à toute autre personne qu'un entrepreneur sont rédigés par l'ingénieur ordinaire dans la forme du modèle n° 17.

Ils sont adressés à l'ingénieur en chef qui les revêt, s'il y a lieu, de son approbation.

ART. 31. — La justification de l'emploi des sommes avancées à un régisseur comptable s'opère, pour chaque mandat, par la remise au payeur des pièces régulières revêtues de l'acquit des parties prenantes auxquelles le montant du mandat a été distribué.

Ces pièces font l'objet d'un bordereau (modèle n° 18) en double expédition, dressé par le régisseur comptable, vérifié par l'ingénieur ordinaire et approuvé par l'ingénieur en chef. Les deux expéditions sont remises, avec les pièces à l'appui, au payeur qui en rend une au régisseur comptable pour lui servir de décharge, après y avoir signé la mention constatant la réception des quittances et pièces justificatives énoncées dans le bordereau.

Art. 32. — A l'expiration de chaque trimestre, l'ingénieur ordinaire dresse, pour son service, un état des indemnités et des dépenses diverses qui ont été réglées avec l'approbation du préfet pendant le cours du trimestre.

Ces états trimestriels dressés par les ingénieurs ordinaires sont vérifiés par l'ingénieur en chef, soumis au visa du préfet et envoyés au ministère des travaux publics.

Art. 33. — L'ingénieur ordinaire arrête, au 31 décembre, les divers comptes de son livre de comptabilité, et en consigne les résultats sur un état de situation définitive (modèle n° 20).

Cet état présente, pour chaque article de la sous-répartition, les dépenses autorisées, les crédits ouverts et les dépenses effectuées.

On y établit la situation des diverses entreprises, sans y comprendre le détail des ouvrages exécutés et dépenses faites, ni appeler les entrepreneurs à l'accepter.

On y rappelle sommairement, par article de la sous-répartition, les dépenses indiquées à l'article 8, en mentionnant les états trimestriels ou les décisions ministérielles qui les comprennent.

Une situation définitive doit être établie pour chacune des deux catégories du *service ordinaire* et pour les *travaux extraordinaires*.

Art. 34. — A la fin de l'année, l'ingénieur ordinaire dresse les décomptes de toutes les entreprises de son service; il les envoie à l'ingénieur en chef après les avoir notifiés, dans la forme ordinaire, aux entrepreneurs.

Comptabilité de l'ingénieur en chef.

Art. 35. — L'ingénieur en chef centralise, dans sa comptabilité, tous les faits de dépense, tant ceux qui résultent des états fournis par les ingénieurs ordinaires, que ceux dont il rend personnellement compte.

Il dresse et remet au préfet, pour être transmis au ministre des travaux publics, des états récapitulatifs qui présentent la situation des différentes parties de son service.

Art. 36. — Le livre de comptabilité de l'ingénieur en chef (modèle n° 21) se compose des comptes ci-après :

Crédits : 1° Un compte des crédits ouverts par chapire du budget ;

2° Un compte de la distribution de ces crédits par service d'ingénieur ;

3° Un compte de sous-répartition des crédits par article de dépenses ;

Dépenses : 4° Une situation, à la fin de chaque mois, des dépenses faites par route, pont, rivière, etc. ;

5° Une situation, à la fin de chaque mois, des dépenses et des mandats par chapitre du budget et par service d'ingénieur ;

Ordonnances de fonds : 6° Un compte général des fonds ordonnancés présentant, d'une part, les ordonnances de délégation affectées au service général, et, d'autre part, la distribution, par service d'ingénieur, des fonds ordonnancés ;

Mandats délivrés : 7° Un journal d'inscription des mandats délivrés ;

8° Un état récapitulatif, par service d'ingénieur, des mandats délivrés ;

Art. 37. — L'ingénieur en chef tient un registre où des comptes sont ouverts à tous les articles de la sous-répartition (modèle n° 22).

Chaque compte reçoit toutes les indications qui concernent la comptabilité de l'entreprise ou de la dépense autorisée, et en présente constamment la situation comparative avec les autorisations données, les crédits ouverts et les mandats délivrés.

Les dépenses du personnel donnent lieu à des comptes spéciaux par chapitre du budget, et dont la forme est indiquée par le modèle n° 22 *bis*.

Art. 38. — L'ingénieur en chef établit, à la fin de chaque mois, une situation sommaire des crédits et des dépenses (modèle n° 23).

Cette situation rappelle, par article et par chapitre du budget, les crédits alloués.

Elle fait connaître, aussi par article et par chapitre du budget, les dépenses faites jusqu'à la fin du mois.

Elle est terminée par un résumé présentant, par chapitre du budget, les crédits alloués, les dépenses faites, les ordonnances délivrées et les mandats émis.

Elle indique par aperçu les dépenses à faire pendant les deux mois qui suivent celui pour lequel l'état est dressé.

Cette situation mensuelle, arrêtée par l'ingénieur en chef, est adressée le 15 de chaque mois, au plus tard, à la préfecture qui la transmet immédiatement au ministère.

Les situations sommaires des crédits et des dépenses sont adressées au ministère pour chacun des douze mois qui composent la période de dépense de l'exercice. — La situation du mois de décembre doit comprendre toutes les dépenses à imputer sur l'exercice.

Art. 39. — Pendant la partie de la seconde année de l'exercice qui est réservée à la liquidation définitive et au paiement des dépenses, l'ingénieur en chef doit établir, à la fin de chaque mois, un état continuatif (modèle n° 24).

Cet état rappelle, par chapitre, les crédits alloués, les dépenses faites au 31 décembre précédent, et indique les ordonnances délivrées ainsi que les mandats émis.

Il est arrêté par l'ingénieur en chef et envoyé au préfet qui le transmet au ministre des travaux publics.

Art. 40. — Chaque jour où l'ingénieur en chef délivre des mandats sur le payeur, il adresse à ce comptable un bordereau (modèle n° 25), et il y joint les pièces justificatives.

Les expéditions d'actes administratifs à fournir comme pièces justificatives seront certifiées conformes par l'ingénieur en chef.

· Les mandats ne doivent être remis aux parties prenantes qu'après l'envoi au payeur du bordereau ci-dessus mentionné.

Art. 41. — L'ingénieur en chef doit, comme sous-
délégataire des ordonnances mises à la disposition du
préfet, rendre compte à ce dernier de l'emploi des ordonnances sous-déléguées.

En conséquence, il établit, à la fin de chaque mois, un
bordereau détaillé (modèle n° 26) des mandats qu'il a
délivrés pendant le mois sur chaque chapitre du budget Il termine ce bordereau par le rappel sommaire des
mandats délivrés pendant les mois antérieurs, de manière à présenter en définitive la situation totale des
mandats délivrés depuis le commencement de l'exercice.

Le bordereau ci-dessus mentionné est adréssé au
préfet par l'ingénieur en chef.

Art. 42. — Aux situations sommaires des mois de
mars, juin, septembre et décembre, l'ingénieur en chef
joint un état (modèle n° 28) des dépenses du personnel de son service assujetti aux retenues pour la caisse
des retraites.

Cet état présente, par chapitre et individuellement,
les appointements, frais fixes, frais de voyage et dépenses éventuelles depuis le commencement de l'année, concernant les ingénieurs, les conducteurs em-
brigadés et les officiers et maîtres de ports.

On ne doit porter sur cet état que le net des appointements, attendu que les retenues à verser à la caisse
des retraites sont ordonnancées directement par les
soins de l'administration centrale, au nom du caissier
de la Caisse des dépôts et consignations.

Art. 43. — L'ingénieur en chef doit également joindre à la situation des mois de mars, juin, septembre et
décembre, un état (modèle n° 28 *bis*) des dépenses concernant le personnel des conducteurs auxiliaires, piqueurs, surveillants et autres agents secondaires, lesquels ne sont pas assujettis aux retenues pour la caisse
des retraites.

Cet état présente individuellement les appointements,
frais de déplacement et autres dépenses du personnel,

depuis le commencement de l'année jusqu'à la fin du trimestre.

Art. 44. — L'ingénieur en chef dresse, au 31 décembre, un état récapitulatif de toutes les dépenses dont il doit personnellement rendre compte.

Cet état, rédigé conformément au modèle n° 9, est joint à la situation définitive qui fait l'objet de l'article 45 ci-après.

Art. 45. — L'ingénieur en chef résume les résultats des situations définitives des crédits et des dépenses établies par les ingénieurs ordinaires (modèle n° 20), et ceux de la situation (modèle n° 29) qu'il a dressée lui-même, dans une situation générale définitive (modèle n° 30), au 31 décembre.

Cette situation, qui s'applique à l'ensemble du service, se compose de trois parties distinctes :

Un premier tableau présente, par chapitre, les crédits qui ont été successivement alloués par le ministre.

Un second tableau rappelle les crédits alloués par article du budget et par subdivision d'article. — Il présente en regard les dépenses faites pendant l'année, par article du budget et par subdivision d'article.

Un troisième tableau récapitule par chapitre les crédits ouverts et les dépenses faites.

Cette situation définitive est soumise au visa du préfet, et transmise par lui au ministre des travaux publics.

L'ingénieur en chef doit produire une situation définitive spéciale pour chacune des deux catégories du service ordinaire, et pour les travaux extraordinaires.

Art. 46. — Pour clore la comptabilité de l'exercice, l'ingénieur en chef établit, à l'époque de la clôture des paiements (le 31 octobre), un état final résumant par chapitre les ordonnances de délégation applicables au service, les dépenses constatées par les situations définitives, les mandats délivrés, les paiements effectués et les sommes restant à payer pour solder les dépenses.

Cet état (modèle n° 31), certifié par le payeur pour ce qui concerne les paiements effectués, est soumis au visa du préfet qui le transmet au ministre.

Les résultats de tous les faits qui concernent la première et la seconde catégorie du service ordinaire sont résumés dans le même état; un état spécial doit être dressé pour les travaux extraordinaires.

Art. 47. — Au commencement de chaque année, l'ingénieur en chef dresse un tableau sommaire (modèle n° 32) des mandats qu'il a délivrés, pendant l'année précédente, pour les entreprises dont l'exécution a embrassé ou embrassera plusieurs années.

On doit porter pour ordre sur ce tableau les entreprises non liquidées qui n'ont donné lieu, pendant le courant de l'année, à la délivrance d'aucun mandat.

Toutes les fois qu'une entreprise aura été résiliée ou abandonnée, ou qu'elle aura été continuée par voie de régie au compte de l'entrepreneur, le résultat de la liquidation définitive de l'entreprise dont le décompte est remis au payeur, en exécution de l'article 101 du règlement du 16 septembre 1843, devra être indiqué dans la colonne d'observations de ce tableau.

Ce tableau annuel devra être remis au payeur, en double expédition, avant le 1er mars.

Art. 48. — Les projets de budget qui doivent être présentés chaque année à l'administration centrale, avant l'ouverture de l'exercice, seront à l'avenir établis dans la forme du modèle A.

Les projets de sous-répartition des crédits seront dressés conformément au modèle B.